은유 수업

은유로 삶을 볼 수 있다면

PROLOGUE

→ 장식의 비밀   13

CHAPTER 1

1 문자적 표현과   21
  은유적 표현 (1)
2 문자적 표현과   25
  은유적 표현 (2)
3 은유적 표현의 일상성   29

CHAPTER 2

4 은유적 개념   35
5 원천 영역과 표적영역   41
6 원천 영역의 개발   45

은유 이론

PRACTICE 1
인사

- → 멀티탭 다루는 법   55
- → 민트 맛 사탕   59
- → 이렇게 생각하다 보니   63
- → 찝찝한 도시 안개   67
- → 흐릿한 인사의 기억   73

PRACTICE 2
눈치

- → 물에 뜨는 방법   79
- → 신발끈   83
- → 배부르니 그만 먹을게요   87
- → 나무를 심은 사람   91

PRACTICE 3
비밀

- → 추천할 수 없는 책   97
- → 핑퐁   101
- → 거짓말을 잘하는 맛조개   105
- → 숨은 OO 찾기   109
- → 비밀의 속삭임   113

은유 실습

PRACTICE 4
약속

- → 선인장 약속 — 119
- → 미래의 윤곽을 오리는 가위 — 123
- → 가볍게 약속하기 — 127

PRACTICE 5
위로

- → 옥수수알 슬픔 — 133
- → 20%의 위로 — 137
- → 글쓰기 — 141
- → 돌아다니는 무게 — 145
- → 울음은 멈추지 않고 멎는다 — 151

EPILOGUE

- → 은유로 무얼 하면 좋을까? — 157

PROLOGUE

장식의 비밀

많은 이들에게 은유는 그냥 장식이다. 세공된 은유들이 박혀 있으면 정말 글이 반짝거린다. 또는, 생동감이 느껴지기도 하고, 무게나 깊이가 느껴지기도 하고, 의미가 느껴지기도 한다. 그렇지만 그런 것들 말고 장식으로 무엇을 더 할 수 있을까? 아름다움이건 심오함이건 바로 그런 느낌을 통해 존재의 매력을 드러내는 것 말고는….

존재의 매력을 드러내는 일이 중요하지 않다는 말이 아니다. 아무리 그런 건 중요하지 않다는 쪽으로 마음을 끄는 거친 말들이 있고, 또한 그런 말들이야말로 은유의 값을 "한낱 장식"으로만 계산하여 "은유 = 장식"이라는 고정관념을 낳지만 말이다. 어쩌면 존재의 매력을 드러내는 장식의 중요성을 아는 사람이야말로 은유에 장식 차원 말고 또 다른 차원이 있다는 사실을 반갑게 맞이할 수 있는 호기심과 너그러움을 가지고 있는 것인지도 모른다.

이 작은 책은 바로 그 다른 차원을 보여주며, 그러는 가운데 고정관념을 허문다. 이 책은 은유에 표현의 차원만 있는 것이 아니라 개념의 차원이 있다는 것을 알려준다.

그리고 이 개념으로서의 은유는 우리의 삶을 이끌고, 특별히 이 책의 경우는, 우리의 글쓰기를 이끈다. 은유는 글 속에서 반짝이기도 하고 글을 이끌고 가기도 한다. 마치 꽃이 삶의 표현이면서 삶의 방법이듯.

그동안 삶의 표현이 삶의 방법이 되는 알려진 길은 없었다. 오랜 세월 시인들은 스스로 알지 못하는 방식으로 그 비밀을 간직해왔지만 말이다. 이 길은 언어학자 레이코프의 혁신적인 은유 이론을 통해 처음으로 열렸다. 나는 그의 이론을 배우면서 은유가 삶만이 아니라 글도 이끌 수 있다는 것을 깨달았다. 이 깨달음을 매개한 것은 디자인이었다. 나는 디자인 이론을 공부하면서 디자이너의 핵심 역량 중 하나가 은유 개발 역량이라는 것을 알게 되었다. 그리고 이런 생각을 하게 되었다. "나는 디자이너가 아니라서 은유를 가지고 디자인을 할 수는 없지만, 글을 써볼 수 있는 것은 아닐까?"

이렇게 해서 나는 레이코프의 은유 이론을 글쓰기 수업에 알맞은 형태로 재구성하는 일을 시작했다. 그 결과물이 이 책에 "은유 이론"이라는 제목으로 실려 있다. 그것으로 은유 이론을 배운 친구들과 나는 이제 처음으로 다섯 가지 주제를 잡아 은유적 글쓰기에 도전했다. 이 책에 실린 스물두 편의 글들이 이 도전의 결과물이다. 그것들은 처음 시도된 은유적 글쓰기의 결과물이다.

어쩌면 그 결과물은 글쓴이 스스로를 놀라게 했을지도

모른다. 왜냐하면 이 도전에 응한 사람들은 대부분 평소에 글을 쓰는 사람들이 아니었기 때문이다. 그렇지만 결국 이는 놀라운 일이 아닐지도 모르는데, 왜냐하면 시인만이 아니라 누구나 삶에서 매일 은유를 사용하면서 살아가기 때문이다. 은유 능력은 누구에게나 내장된 능력이다. 나의 수업은 그 능력을 밖으로 끄집어내는 데 조금 도움이 되었을 뿐이다.

『해리포터』의 마법 학교 호그와트 건물에는 석상 장식들이 있다. 갑옷을 입고 무기를 든 전사들. 볼드모트의 군대가 몰려와 절체절명의 위기에 몰리는 순간이 오기 전까지 이 석상들의 다른 차원은 알려지지 않았다. 바로 그 순간 장식의 비밀을 알고 있는 마법사 맥고나걸은 건물을 마주보면서 주문을 외친다. "피에르토툼 로코모토르." 석상들은 살아나고 공동체를 지키는 군대가 된다. 평상시의 장식들이 전시의 군대를 품고 있었던 것이다.

이 주문은 친구들(pier), 모두(totum), 이동(locomotor)을 뜻한다. 우연의 일치겠지만, 은유(metaphor)도 원래 이동을 뜻한다. 우리는 이 책이 이동(=은유)의 능력을 품고 있는 독자들에게 저 이동의 주문이 되어준다면 더 바랄 것이 많지는 않을 것이다.

2021년 7월 15일
이성민

은유 이론

CHAPTER 1

1. 문자적 표현과 은유적 표현 (1)

우리가 사용하는 일상적인 언어 표현은 문자적(literal)일 수도 있고 은유적(metaphorical)일 수도 있다. 가령 "따뜻하다"라는 표현을 생각해보자. 이 표현은 문자적으로 사용될 수도 있고 은유적으로 사용될 수도 있다. 이제 일상적인 상황 하나를 가상으로 설정하여, 이를 좀더 알아보기로 하자.

어느 추운 겨울 저녁, 현지네 집 보일러가 고장이 났다. 집이 너무 썰렁해서 현지는 근처에 사는 친구 민지의 집에 놀러 갔다. 현지가 민지에게 이렇게 말했다.

"민지, 너의 집은 참 따뜻해."

이 문장에서 "따뜻해"라는 표현은 문자 그대로 따뜻하다는 말이다. 무슨 비유가 아니다. 지금 민지의 집 보일러 온도계는 섭씨 24도를 가리키고 있다. 이 경우 앞으로 우리는 "따뜻해"라는 표현이 **문자적으로** 사용되었다고 말할 것이다.

현지를 반갑게 맞이한 민지는 현지의 사정을 듣고는

"현지, 보일러가 고장났으니, 오늘은 우리 집에서 있어"라고 말했다. 친구의 애정 어린 말을 들은 현지는 민지에게 이렇게 말했다.

"민지, 너의 말은 참 따뜻해."

이 문장에서 "따뜻해"라는 표현은 문자적으로 사용된 것일까? 말에도 온도가 있어서, 온도계로 측정을 해보니 24도 정도 된다는 뜻일까? 물론 그렇지 않다. 이 말은 은유적으로 사용된 것이다.

- 너의 집은 참 따뜻해. (문자적)
- 너의 말은 참 따뜻해. (은유적)

"따뜻하다"는 원래 온도의 영역에서 사용되는 표현이다. 그런데 이제 애정의 영역으로 이동하여 사용되고 있다. 이렇게 언어 표현이 원래의 영역에서 다른 영역으로 이동하여 사용될 때, 우리는 그 표현이 **은유적으로** 사용되었다고 말할 것이다.

이처럼 똑같은 언어 표현이라도 경우에 따라 문자적일 수도 있고 은유적일 수도 있다. 은유적 언어 표현은 시인의 아름다운 시에만 등장하는 게 아니다. 우리는 일상에서 늘 은유적 표현들을 사용하면서 살아간다.

아름답고 멋진 은유를 창조하는 시인들이 우리 옆에 있다는 사실은 물론 우리에게 축복일 것이다. 그것도 물론 좋은 일이지만, 우리가 "너의 말은 참 애정이 어려있구나"라고 말하는 대신에 "너의 말은 참 따뜻해"라고 말할 수 있다는 사실도 축복 같다.

| 연습문제1 | 은유에 체크하세요.

1   가) 그는 큰 시합에 강하다. (   )

    나) 이 책상은 정말 크다. (   )

2   가) 저 선수는 정말 빠르게 달린다. (   )

    나) 세월이 빠르다. (   )

3   가) 코로나 19가 방역망을 뚫었다. (   )

    나) 이 방패는 어떤 창으로도 뚫리지 않는다. (   )

4   가) 배가 암초에 부딪혔다. (   )

    나) 그들의 결혼은 암초에 부딪혔다. (   )

| 연습문제2 | 은유적 표현에 모두 밑줄을 치세요.

"새로운 이야기가 필요하다는 의미에서 수 클리볼드 역시 아픈 사람이다. 전에 알던 도착지로 가는 것이 더는 가능하지 않게 된 사람, 새로운 삶의 지도가 필요해진 사람. 그는 자신의 과거를 처절하게 곱씹어 새로운 이야기를 씀으로써, 세상이 부여하는 서사가 아니라 자신이 직접 쓰는 서사를 선택했다."

— 제현주, 『일하는 마음』, 어크로스, 2018, 83쪽.

2. 문자적 표현과 은유적 표현 (2)

우리는 동일한 언어 표현이 문장에 따라 문자적으로 사용되기도 하고 은유적으로 사용되기도 한다는 것을 보았다. 그러면서 문자적 표현과 은유적 표현을 구분하는 기량=스킬을 조금 길렀다.

    이제 이 기량을 조금 다른 방식으로 사용해보려고 한다. 가령 앞에서 우리는 "너의 집은 참 따뜻해"라는 문장에서 "따뜻해"가 문자적으로 사용되었다는 것을 보았다. 그때 이 말은 집안의 온도가 따뜻하다는 뜻이었다. 그런데 우리는 이 동일한 문장을 은유적으로 읽을 수도 있다.(지금 한번 이 문장을 은유적으로 읽어보기 바란다.) 이때 "따뜻해"는 문자적인 표현이 아니라 은유적인 표현이 된다. 이번에도 다시 일상적인 상황 하나를 가상으로 설정해보자.

    지방에서 서울로 올라온 정선은 서울 집에 사는 경근과 친구가 되었다. 그래서 가끔 경근 집에 놀러가곤 했다. 경근과 경근의 가족들은 정선을 항상 반갑게 맞아주었다. 그리고 가끔은 같이 식사를 하면서 즐거운 대화를 나눌 수도 있었다. 어느 무더운 여름날, 에어컨 바람이 선선한 경근

집에서 시원한 냉면을 같이 먹은 후 집을 나오면서 정선은 경근에게 이렇게 말했다.

"경근, 너의 집은 항상 따뜻해."

이 말은 경근 집의 온도가 따뜻하다는 뜻일까? 물론, 그렇지 않다. 경근 집의 현재 온도는 따뜻한 게 아니라 시원하다. 여기서 "따뜻해"라는 표현은 문자적으로 사용된 게 아니라 은유적으로 사용되었다.

너의 집은 따뜻해.

우리는 이제 이 동일한 문장을 문자적으로 읽을 수도 있고 은유적으로 읽을 수도 있다. 앞서 우리는 문장에 따라 같은 표현이 문자적일 수도 있고 은유적일 수도 있다는 것을 보았다. 이제 우리는 같은 문장 안에 있는 같은 표현이라도 문자적으로 읽을 수도 있고 은유적으로 읽을 수 있다는 것을 보았다. 이처럼 문자적인 것과 은유적인 것을 구분하는 우리의 기량은 종종 완전 똑같은 것도 달리 볼 수 있는 기량이다. 한 문장을 더 검토해보자.

그들 앞에는 <u>암초가 놓여 있었다.</u>

이 문장 역시 문자적으로 읽을 수도 있고 은유적으로 읽을 수도 있다. 배를 타고 가다가 실제로 암초를 만난 경우, 이 문장의 "암초가 놓여 있었다"는 문자적이다. 그렇지만 그들의 프로젝트에 골치 아픈 장애물이 불현듯 등장했다는 뜻이라면 은유적이다.

끝으로, 같은 말이라도 문자적으로 들어야 할 때가 있고 은유적으로 들어야 할 때가 있다. 이따금 우리는 일상생활에서 은유적 표현을 문자적 표현으로 잘못 알아들을 때가 있다. 가령 정선이 친구 경근에게 전화를 걸어 "오늘 왜 이렇게 덥지?"라고 말했다고 해보자. 그 말을 듣고는 "덥다는 게 무슨 말이야?"라고 신중하게 묻지를 않고, "야, 한겨울에 뭐가 덥다는 거야?"라고 응답할 때, 경근은 정선에게 이런 말을 들을 각오를 해야 할지도 모른다. "야, 그게 아니라, 오늘 정말 답답하고 화가 나서 그래. 너 친구 맞아?"

| 연습문제 | 밑줄 친 표현을 은유적 표현으로 읽을 수 있도록 주어진 문장 뒤에 한 문장을 덧붙이세요.

예) 넌 <u>도둑</u>이야! → 내 마음을 훔쳤잖아!

가) 그들은 그때 <u>갈림길</u>에 서 있었어. →

나) 류현진이 금방 <u>홈런</u>을 쳤어. →

다) 정말 <u>무겁다</u>. →

2. 문자적 표현과 은유적 표현 (2)

3. 은유적 표현의 일상성

우리는 이제 은유적 표현을 알아보는 아주 기초적인 기량을 얻었다. 그런데 사람들은 그게 꼭 은유인지 의식하지 않으면서도 은유를 사용할 줄 안다. 여러분 역시 은유라고 의식하지 않으면서 일상생활에서 은유적 언어 표현을 종종 사용해왔을 것이다.

다시 한번 말하지만, 비록 시인들이 아름다운 참신한 은유를 창조하는 특별한 예술적 기량을 가지고 있다고 해도, 은유적 표현을 사용하는 기량 그 자체는 모든 사람의 것이다. 그것은 시인들의 전유물이 아니다.

우리 주변을 둘러보면 곳곳에서 은유가 사용되고 있다. 우리는 말을 할 때도 은유적 표현을 사용하고, 글을 쓸 때도 사용한다. 그리고 이제 여러분은 일상적인 말이나 글에서 사용되는 은유를 알아볼 수 있는 안경을 얻었다. 좀 전까지 "기량"이라고 불렀던 것을 지금 나는 "안경"이라고 불렀다. 물론 이 "안경"도 은유다. 기량=스킬을 연마해서 그에 걸맞은 안경 아이템을 얻은 것이라고 생각하면 좋을 것 같다.

여러분이 장착한 은유 안경은 고성능 아이템은 아니다.

앞으로 배울 테지만, 은유에는 표층이 있고 심층이 있다. 여러분의 안경은 표층용 안경이다. 이 안경으로는 아직 은유의 심층을 들여다볼 수 없다.

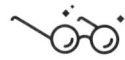

이제 안경을 쓰고 세상을 들여다보자. 세상을 들여다볼 한 가지 방법은 포털 사이트에 뜨는 신문기사를 읽는 것이다. 아래 나오는 글은 코로나 19와 관련해서 최근 올라온 기사의 한 구절이다.

> "신규 확진자 대부분 대구와 경북지역에서 발생했다. 정부는 신천지 대구교회 유증상 신도들에 대한 검사를 모두 마친 상태다. 다만 지난 7일 대구 한마음아파트에서 확진 판정을 받은 거주민 46명이 모두 신천지 신도인 것으로 나타나면서 곳곳마다 추가 잔불이 꺼지지 않고 있다. 대구의 일반시민 확진자도 늘고 있어 정부도 시민에 대한 '코로나 19' 검사를 서둘러 확대하고 있다."
> ─『뉴스1』

여러분도 찾았는가? 이 기사에는 눈에 띄는 은유가 있다. 바로 "추가 잔불이 꺼지지 않고 있다"라는 표현이다. 잔불은 화재 진압의 영역에서 사용되는 표현이다. 그런데 이제 그 표현이 방역의 영역에서 사용되고 있다. 따라서 이 표현은 여기서 은유적 표현이다. 여러분도 앞으로 글을 쓸 때, 이처럼 은유를 사용하게 될 것이다.

이제 기사 본문이 아니라 기사 제목을 한번 들여다보자. 며칠 전 이 강의를 준비하면서 다음과 같은 제목들을 어렵지 않게 찾을 수 있었다.

- 타다, 국회 문턱서 시동 꺼졌다
- 바퀴 멈추는 타다, 신규채용도 취소
- 빗장 건 한일
- 코로나 습격에 '21세기 흑사병' 공포…'하나의 EU' 흔들린다
- 연이은 방역 구멍
- 세균 배양 접시에 두려 하나…미국 크루즈 승객들 분통
- 인천공항 면세점 입찰, 현대百 웃고 신세계 울었다

| 연습문제 | **포털 사이트에서 은유적 표현이 들어간 기사 제목을 다섯 개 찾아 쓰세요.**

1) _____
2) _____
3) _____
4) _____
5) _____

3. 은유적 표현의 일상성

CHAPTER 2

4. 은유적 개념

지난 시간에 우리는 은유적 표현을 보는 안경을 획득했다. 그 안경으로 우리는 한 신문 기사에 실린 눈에 띄는 은유적 표현을 발견할 수 있었다.

> "다만 지난 7일 대구 한마음아파트에서 확진 판정을 받은 거주민 46명이 모두 신천지 신도인 것으로 나타나면서 곳곳마다 추가 잔불이 꺼지지 않고 있다."

코로나 19 기사가 아니라 산불 기사였다면 "추가 잔불이 꺼지지 않고 있다"는 은유적 표현이 아니라 문자적 표현이었을 것이다. 그렇지만 이 기사에서는 은유적 표현이다. 이 표현은 화재 진압의 영역에서 방역의 영역으로 이동을 하여 사용되고 있다.

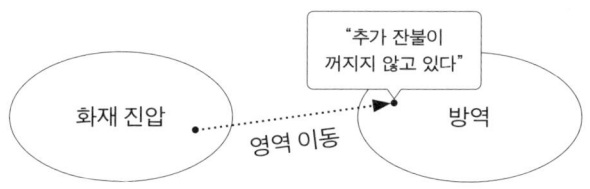

이제 이러한 이동이 무엇을 뜻하는지 생각해보자.
방역의 영역에서 "추가 잔불이 꺼지지 않고 있다"라는 표현을
사용할 수 있다는 말은 무엇을 뜻할까? 좀더 결정적으로,
이렇게 질문해보자: 이 표현을 방역의 영역에서 사용하는
사람은, 거꾸로, 방역을 **마치 무엇처럼** 보는 것일까?

잠깐 퀴즈: 방역은 (   )이다.

방역의 영역에서 "추가 잔불이 꺼지지 않고 있다"라는
표현을 사용할 때, 우리는 심층에서(= 개념의 차원에서)
방역을 마치 화재 진압처럼 보고 있다: 방역 = 화재 진압.
즉 우리는 화재 진압이라는 것을 통해서 방역이라는 것을
이해하고 있다.

"은유의 본질은 한 종류의 것을 다른 종류의 것을 통해
이해하고 경험하는 것이다." ― 레이코프 & 존슨

은유의 본질에 대한 레이코프와 존슨의 이와 같은 말은
은유의 표층이 아니라 은유의 심층에서 일어나고 있는 일을
포착한다.

은유의 표층에서는 한 영역(화재 진압)에서 사용되는 언어 표현("추가 잔불이 꺼지지 않고 있다")이 다른 영역(방역)으로 이동하여 사용된다. 은유의 표층에서 우리는 원래 영역이 아닌 다른 영역에서 사용되는 은유적 표현을 본다.

은유의 심층에서 우리는 한 영역(방역)을 다른 영역(화재 진압)을 통해 이해하고 경험한다. 우리는 표층에서 사용되는 은유적 표현을 보면서 그 표현이 가정하고 있는 심층의 개념을 들여다볼 수 있다. 즉 화재 진압으로서의 방역. 앞으로 우리는 이처럼 다른 영역을 통해서 이해되는 방역 개념을 **은유적 방역 개념**이라고 부를 것이다. 그리고 이 개념을 다음과 같이 표기할 것이다:

{방역은 화재 진압이다}

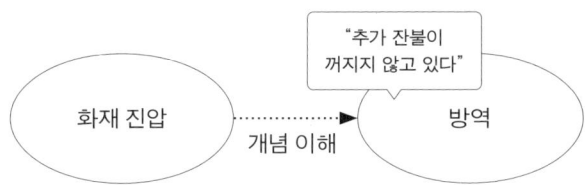

4. 은유적 개념

우리가 방역의 영역에서 "추가 잔불이 꺼지지 않고 있다"라는 표현을 사용할 수 있는 것은 방역을 화재 진압으로 보고 있기 때문이며, {방역은 화재 진압이다}라는 방역 개념을 가지고 있기 때문이다.

| 연습문제 | 밑줄 친 은유적 표현들이 전제하는 오른쪽 은유적 개념의 빈 칸을 채우세요.

가) <u>빗장 건</u> 한일 / {국가는 (　　　　)이다}
나) 그 주장을 <u>방어</u>하기는 어려워. / {토론은 (　　　　)이다}
다) 나 오늘 <u>홈런을 쳤어</u>! / {인생은 (　　　　)이다}
라) 너의 말은 <u>따뜻해</u>. / {(　　　　)은/는 따뜻함이다}
마) 그의 이론은 <u>기초가 허약해</u>. / {이론은 (　　　　)이다}

5. 원천 영역과 표적 영역

여러분은 이제 은유의 표층만이 아니라 심층을 처음 들여다 보았다. 이제 그 심층의 구조를 좀더 자세히 들여다보기로 하자.

{방역은 화재 진압이다}

방역은 문자적으로는 화재 진압이 **아니다**. 방역은 **은유적으로** 화재 진압이다. 방역이라는 개념을 화재 진압을 통해 이해하는 사람은 은유적 방역 개념을 가지고 있다.

이제 우리는 방역을 이해하는 원천이 되어주는 영역인 화재 진압을 "원천 영역"이라고 부를 것이다. 그리고 이 원천 영역을 통해 이해되는 방역을 "표적 영역"이라고 부를 것이다.

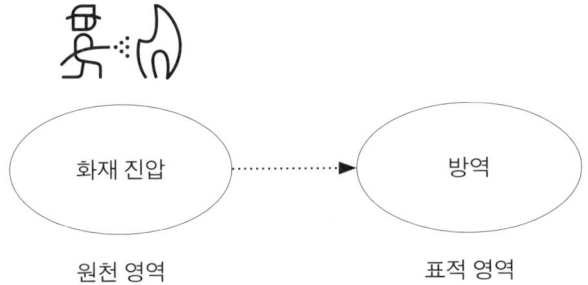

화재 진압이라는 원천을 통해 방역이라는 표적을
이해할 때, 우리는 화재 진압에서 사용되는 표현을, 가령
"추가 잔불이 꺼지지 않고 있다"라는 표현을 방역이라는
표적 영역에서 사용할 수 있다. 그렇게 사용되는 표현을
우리는 앞서 "은유적 표현"이라고 불렀다.

    은유적 표현: "추가 잔불이 꺼지지 않고 있다"
    은유적 개념: {방역은 화재 진압이다}
    은유적 개념을 표시하는 방법에는 사실 두 가지가 있다.
    1. {방역은 화재 진압이다}
    2. {화재진압 → 방역}
    첫째 방법은 자연스럽게 읽힌다는 장점이 있다.
    둘째 방법은 원천 영역에서 방역으로의 맵핑을
    표시해준다. 좀더 딱딱하고 이론적인 표기법 같지만
    그래도 직관적이다.

표적 영역과 원천 영역의 연결은 고정적이지 않다.
하나의 표적 영역에 대해 여러 가지 원천 영역이 있을 수
있다. 우리는 방역을 화재 진압을 통해 이해할 수도 있지만,
다른 원천 영역을 통해 이해할 수도 있다. 가령 방역을
마라톤을 통해 이해하는 방역 당국자라면 "우리는 이제
반환점을 돌았다"라고 말할 수 있을 것이다.

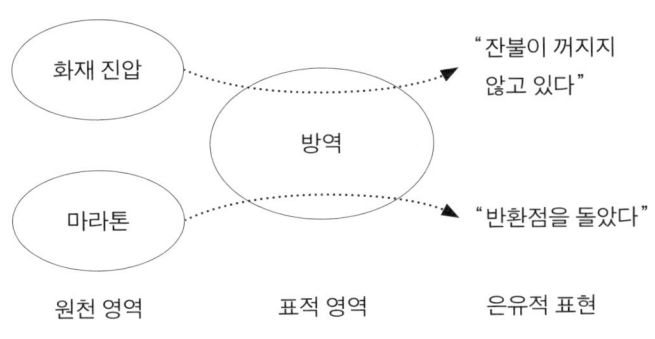

알다시피, 현재 사람들이 방역을 이해하기 위해 가장 많이 사용하는 원천 영역은 화재 진압도 마라톤도 아니고, 바로 전쟁이다.

"지금 우리는 두 개의 전쟁을 동시에 치르고 있다. 한편으로는 코로나 19와 전쟁하면서, 다른 한편으로는 경제침체를 막는 전쟁도 치르고 있다." — 이낙연

| 연습문제 | **주어진 표적 영역을 위한 원천 영역을 보기 중에서 선택하고 그에 따른 은유적 표현이 들어간 문장을 쓰세요.**
보기: 여행, 요리, 스마트폰, 디자인, 학교, 바이러스

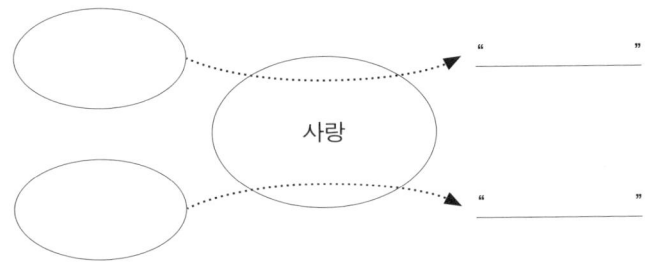

6. 원천 영역의 개발

여러분은 이제 은유의 심층(은유적 개념)을 들여다보았다. 그리고 은유의 심층과 은유의 표층(은유적 표현)이 어떻게 연결되는지도 이제 처음 볼 수 있게 되었다. 은유의 심층은 은유적 표현들이 솟아나오는 은유의 샘이다. 이제 여러분은 은유의 표층만이 아니라 심층도 볼 수 있는 기량을 길렀다. 따라서 이제 안경을 고성능 아이템으로 교체할 때가 되었다.

새로운 안경을 쓰고 이제 여러분은 은유를 사용하여 글을 쓰는 방법들을 개발해야 한다. 이 분야는 아직 미개척지이니까. 그러기 전에 이제 은유가 무엇인지 잠깐 생각해보자. 레이코프와 존슨은 『몸의 철학』에서 이렇게 말한다.

"우리의 주관적인 정신의 삶은 그 범위와 풍부함이 엄청나다. 우리는 중요성, 유사성, 어려움, 도덕성 같은 추상적인 것들에 관해 주관적 판단을 한다. 그리고 우리는 욕망, 애정, 친밀함, 성취의 주관적 경험들을 갖는다. 그러나, 이 경험들은 풍부하지만, 우리가 그 경험들을 개념화하고, 그것들에 관해 추리하고, 그것들을 시각화하는 방식의 많은 부분은 다른 경험 영역들에서 온다. 이 다른 영역들은 대부분 감각운동 영역이다."

여기서 레이코프와 존슨은 은유의 표적 영역 중 하나인 정신의 삶이 다양하고 풍요롭다고 말한다. 우리는 정신의 삶이 사람들의 인생에서 중요하다는 것을 덧붙일 수 있을 것이다. 그렇지만 그 다양하고 풍요롭고 중요한 정신의 삶은 눈에 잘 보이지 않는다. 그리고 레이코프와 존슨은 은유의 원천 영역이 감각 경험과 운동 경험의 영역이라고 말한다. 감각 경험과 운동 경험은 추상적이지 않으며, 가시적이며, 생생하며, 일상적이다. 인간은 정신만이 아니라 신체도 가지고 있기에 그런 경험을 할 수 있다.

가령 요리를 하거나, 대중 교통을 이용해 이동하거나, 여행을 하거나, 거리를 걷거나, 정원을 가꾸거나, 디자인을 하거나, 바느질을 하거나, 농구를 하는 등등의 온갖 감각 경험과 운동 경험은 은유의 원천이 될 수 있다. 심지어 우리가 매일 접하는 전호번호조차 은유의 샘이 될 수 있다. 은유 이론을 배운 한 디자이너가 쓴 다음 글은 우리가 일상적인 것을 그냥 무의미하게 지나치지 않을 때, 호기심을

가지고 일상을 들여다볼 때, 어떻게 은유의 원천을 개발할
수 있는지를 잘 보여준다.

"집에 오는 길에 가구점이 하나 있다. 유리 문에 붙은
전화번호가 눈길을 끈다. 가로로 누운 A4 용지에 숫자
11개와 대시 2개 총 13개 문자를 세 줄로 나눠썼다. 둘째
줄은 첫째 줄보다 들여 썼고, 셋째 줄은 둘째 줄보다 들여
썼다. 왼쪽 상단과 오른쪽 하단이 튀어나온 평행사변형
모양이다. 상하좌우 같은 크기의 여백을 주는 것도 잊지
않았다. 나는 이 전화번호 안내 싸인을 만든 사람이
디자이너라고 생각하지 않을 수 없다.

가구점 사장님일지도 모를 그는 첫 번째 숫자를
쓰려는 순간, 마지막 숫자가 어디쯤 위치하게 될지 생각한
것이다. 첫 번째 숫자를 어디에 어떤 크기로 써야 모든
숫자가 고르게 위치할지 고민 끝에 이렇게 아름다운
평행사변형 전화번호를 쓴 것이다. 주어진 요소를 목적에
맞게, 아름답게 배치하는 일이 디자인 작업 중 하나라면
그는 분명 디자이너다. A4 용지는 한눈에 들어오고
다루어야 할 것은 13개 문자밖에 없었으니 어려운 일은
아니었겠지만 누구나 할 수 있는 일은 아니다.

며칠 전 좋아하는 일을 하며 밤을 새우다가 이
전화번호 안내 싸인이 떠올랐다. 인생을 휴대폰 번호
11자리에 비유한다면, 나는 지금 앞에 있는 숫자들을 너무

크게 쓰고 있는 것이 아닌가 하고 말이다. 뒷자리를 쓸 수 있는 공간이 남아있을지 걱정이 된 것이다. 그러나 한편으로는 이제 막 010을 지나 나머지 8자리를 쓰기 시작했다는 사실에 안심이 되었다. 아직 많이 남았고 이제부터가 중요하기 때문이다. 멀리 떨어져서 생각해본다. 내가 어느 방향으로 어떤 크기로 써지고 있는지." — 황지은

| 연습문제1 | **방금 읽은 황지은의 글에서 은유적 개념을 찾고, 그 개념의 원천 영역과 표적 영역을 따로 쓰세요.**
은유적 개념: (　　　　)은/는 (　　　　)이다.
원천 영역:
표적 영역:

| 연습문제2 | **최근이나 오늘 했던 경험 중 원천 영역이 될만한 걸 찾아보고, 그 경험이 어떤 표적 영역을 위해 사용될 수 있을지 생각해보고, 그렇게 해서 탄생한 은유적 개념을 적어주세요.**
나의 첫 은유적 개념: (　　　　)은/는 (　　　　)이다.

| 연습문제3 | **나의 첫 은유적 개념에 포함된 원천 영역 경험을 표적 영역을 향해 전개하여 나의 첫 짧은 에세이를 한 편 써주세요.**

은유 실습

PRACTICE 1
인사

멀티탭 다루는 법
박민지

알바를 하면서 존중받지 못하는 상황을 많이 겪다 보면 잠재적 손님인, 길거리에 걷고 있는 사람들마저 밉다. 매장 문을 열고 들어오는 사람을 볼 때마다 '다시 돌아서 문을 열고 나갔으면…' 하는 생각을 한다.

    밤 12시부터 새벽 7시. 야간수당을 챙겨주는 이 시간대의 카페 알바는, 힘들지만 인기가 있는 파트타임이다. 새벽에는 손님이 거의 없기 때문에 손님맞이보다 청소 일이 대부분을 차지한다. 정말 소수의 손님만 이 시간대에 들어오는데, 주로 신촌에서 술을 마시고 첫차를 기다리는 손님이거나 술에 취해 자기가 어떤 문을 열고 들어왔는지 모르는 손님이다. 후자의 경우, 주문을 해야 자리에 앉을 수 있다는 사실은 아는지, 횡설수설한 말투로 주문을 한다. 사실 말투보다도 풍기는 냄새로 알 수 있다. 주문한 음료를 받고 조용히 자리로 돌아가 잠이 든다면 다행인데, 가끔 바닥에 누워버리는 사람도 있다. 급하게 화장실로 뛰어가는 사람의 뒤를 쫓아가 보면, 화장실에 화풀이를 해놓고 사라진 뒤다. 당연히 청소는 내 몫이고 내 역할이다.

이 모든 것들이 돈을 받고 일하는 입장에서 당연히 해야 할 일인가 싶지만 그것보다도 "죄송합니다" 혹은 "감사합니다"라는 인사조차 받지 못해 더 시무룩한 것도 있다. '왜 이 사람들은 내가 대신 노동한 것에 대해 감사해 하지 않는 거지? 돈을 줬다 하면 끝인 건가?' 하고 혼자 씩씩거릴 때가 있다.

다를 것 없이, 주문을 받고 카드를 돌려줄 때 "감사합니다"라는 또렷한 말이 계산대 안으로 들어오면 나도 모르게 눈웃음을 짓게 된다. "영수증 드릴까요?" 하는 물음에 옆으로 슥 미는 제스처를 취하며 영수증을 버려달라고 표현하는 손님이 있는 반면, "영수증은 괜찮아요"라고 말하는 손님도 있다. 상황에 따라 달라지는 계산대 앞에서의 기분은 반대로 내가 손님이 되었을 때 가져야 하는 모습을 익히게 해줬다.

"감사합니다"의 효과는 그래서 나에게 더 중요하다. 그 한마디로 감정이 누그러진 경우가 여럿 있었는데, 그럴 때면 곧 불날 것처럼 스위치 다섯 개가 모두 켜져 있는 멀티탭을 누가 하나쯤 꺼주는 것 같다. 나를 화나게 하는 사람이 있으면 말로 맞받아 칠지, 표정으로 화를 낼지 순간 고민한다. 그런데 "감사합니다" 혹은 "죄송합니다"라는 말이 계산대 안으로 들어오면 화를 낼 틈도 없이 "네~" 하고 입꼬리가 올라가는 것이다. 문제를 일으키고 "죄송합니다"를 연발하다 "감사합니다"로 끝나는 사람을 만나면 '그래, 이 사람도 사람인데, 오늘 힘든 일이 있었나 보다' 하며 붉었던 멀티탭이 OFF가 되면서 화가 식는다.

20대 초반의 알바 경험은 어딜 가더라도 "감사합니다"를 말하고 나오는 습관을 갖게 해줬다. 이 사람들은 높은 확률로 이상한 사람을 만날지도 모른다는 것, 내가 주문하는 것도 싫을 것이고, 집에 가고 싶은 마음만 가득할 것이라고 생각하니, '적어도 한 명한테는 인사를 받아 가세요' 하는 마음으로 인사를 하며 멀티탭의 전원을 하나 꺼주고 나온다.

민트 맛 사탕
황지은

택배 상자 안에 민트 맛 사탕을 함께 넣어 보내는 판매자가 종종 있다. 나는 민트 맛도 좋아하지 않고 사탕도 즐겨 먹지 않아서 그 깜짝 선물이 달갑지만은 않다. 아무 하자 없는 식품을 쓰레기통에 버리자니 양심에 가책이 들고 가족이나 친구들에게 민트 맛 사탕을 좋아하냐고 묻고 다니자니 그것도 귀찮아 책상 위 작은 서랍 안에 대충 밀어 넣었다. 그렇게 몇 달이 지나면 서랍은 할로윈 사탕 바구니처럼 무겁고 달달해졌다. 그러나 달라는 사람 없고 누구 줄 생각도 없는 사탕 더미는 이런저런 이유로 서랍을 열 때마다 묘하게 내 신경을 건드렸다.

 상점에 들어설 때 직원이 건네는 인사는 바로 그 민트 맛 사탕 같다. 인사에도 어떤 취향이 있어 그 인사는 내가 원하는 인사가 아니라기보다 좋은 의도가 담긴 일인데 되레 내 마음을 불편하게 만들기 때문이다. 직원이 "어서 오세요" 하면 나도 "네, 안녕하세요" 하고 말을 주고받으면 좋겠지만, 그 모습을 상상하면 어쩐지 어색하다. 그렇게 하는 사람도 지금껏 본 적이 없다. 그렇다고 아무것도 보지 못하고 듣지 못하는 사람처럼 냉랭하게 지나치자니 그것도 조금 꺼림칙하다. 결국 고개를 약 5도쯤 살짝 숙였다 들면서 인사를 한 건지 안 한 건지 분명히 알 수 없는 태도로 어물쩍어물쩍 입구를 통과하는데, 상점 안을 돌아다니다가 그 직원을 다시 마주치면 마음이 영 편치 않다.

    수북이 쌓인 민트 맛 사탕은 눈 한번 딱 감고 쓰레기통에 부어버리면 그만이고 판매자도 그 사실을 알 길이 없지만 문제는 상점 직원의 인사다. 위에서 지시한 일이고 직원은 그 지시에 따르는 것뿐이라고 해도 그 작은 인사에도 한 사람의 마음이 들어가 있다고 생각하면 본체만체하며 그냥 넘기는 일이 분명 유쾌한 일은 아니기 때문이다. 보낸 사람은 있지만 받는 사람은 없는 인사가 계속되면 직원은 금방 지칠지도 모른다. 처음과 다르게 점점 활기를 잃어가는 직원의 목소리를 상상하면 괜히 안타까운 마음마저 든다.

    이런 방법은 어떨까? 온라인 쇼핑몰에서 배송 정보를 입력하는 화면에 체크 박스와 함께 "민트 맛 사탕을 받지 않겠습니다"라는 문구를 넣는다. 민트 맛 사탕을 원하는 경우와 원하지 않는 경우를 나누어 상품을 포장하는 것이다. 상점에서도 마찬가지로 오늘 하루는 정말이지 기운이 하나도 없어 작은 인사조차 나누지 못하겠다 싶은 사람은 왼쪽 입구로, 반대로 무슨 일이 있든 없든 누구와도 반갑게 인사를 나눌 준비가 되어 있는 사람은 오른쪽 입구로 들어가게 한다. 물론 직원은 오른쪽 입구로 들어오는 사람에게만 인사를 건넨다. 품은 조금 들겠지만 식품이든 마음이든 불필요한 낭비는 줄이는 편이 좋을 것이다. 민트 맛 사탕도, 상점 직원의 인사도 원하는 사람에게 제대로 전달되었을 때 그 맛이 더 살아날 테니 말이다.

이렇게 생각하다 보니
윤경근

인사를 할 때 특유의 불안감이 있다. 특히 처음 보는 사람이나 친하지 않은 사람과 만나 인사를 주고받을 때는 더 그렇다. 내가 인사했을 때 저 사람이 어떤 반응을 보일까? 이상하게 생각하는 건 아닐까? 친하지도 않은데 괜히 인사를 했나? 이런 마음이 들어 큰 소리로 인사를 하지 못하고 어색한 인사를 건넨다. 그래서 그렇게 친하지 않은 사람을 내가 먼저 발견했을 때 인사하기 애매해서 일부러 눈을 돌리고 못 본척할 때도 있다.

나는 디자이너지만 가끔 홈페이지 개발도 한다. 웹 브라우저가 읽을 수 있도록 html과 css를 사용하여 컴퓨터 문법에 맞게 코드를 입력한 후 새로고침 버튼을 누른다. 그러면 방금 입력한 컴퓨터 언어를 브라우저가 읽어서 모니터에 내가 원하는 대로 보여준다. 하지만 잘못 입력하면 화면에 오류가 나거나 원하는 디자인이 보이지 않는다. 지금까지 수천 번도 넘게 새로고침 버튼을 눌렀지만 누를 때마다 마음이 떨린다. 홈페이지를 만들 때 매번 다른 장애물들이 나를 기다리는데 그것을 수정한 뒤 누르는 새로고침 버튼은 더 누르기 힘들다. 개발 일을 처음 시작할 때 내가 컴퓨터 언어를 잘 몰라서 내가 만들었지만 틀린 것 같은 느낌이 많이 들었다. 확신이 없었다. 그래서 떨리는 마음이 더 컸다. '이게 맞을까? 잘 실행될까? 혹시 지금 입력한 것이 다른 부분에 영향을 미치지는 않을까?' 개발 일에 익숙하지 않은 탓에 새로고침 버튼에 손을 댈 때마다 컴퓨터가 반응을 잘해줄지 불안했다. 마치 인사할 때처럼.

    하지만 일을 할 때 새로고침 버튼을 누르지 않으면 일이 더 이상 진행되지 않고 컴퓨터가 나에게 어떤 반응을 보여줄지도 알 수 없다. 새로고침 버튼은 매번 불안감을 가지고 누르는, 누르지 않을 수 없는 그런 버튼이다. 누른 뒤 화면에서 사진의 배치나 글자의 크기, 정렬, 움직임 등 다양한 것들이 내 의도에 맞게 정확하게 보일 때면 그전에 가졌던 불안감 대신 만족감이 찾아온다. 그리고 홈페이지를 만들면 만들수록 컴퓨터 언어에 익숙해져 새로고침 버튼을 눌렀을 때의 불안감은 점점 줄어들고 확신이 생겼다. 이렇게 생각하다 보니 더 이상 인사가 어색하지 않게 다가왔다. 친하지 않은 사람과 인사를 할 땐 약간 어색하고 쑥스럽지만 자주 만나며 인사를 나누다 보면 어느새 어색함이 사라지고 친근감이 찾아온다. 인사를 하며 여러 사람들과 반응을 주고받고 세상에 익숙해져야겠다.

찝찝한 도시 안개
현재호

"무소식이 희소식으로 별일 없으니까 그런 게지요."[1]
이 속담이 요즘처럼 사무치는 때는 없었다. 하루에도 몇 번씩 사람을 놀라게 하며 을씨년스러운 분위기를 조성하는 재난경보문자 때문이다. 재난경보문자를 받았을 때 들리는 알림음은 경보라는 개념에 딱 어울리는 소리다. 듣기 좋은 음악 하고는 다른 의미에서 귀를 사로잡는 소리로 사람들을 놀라게 한다. 재난경보문자는 말 그대로 기쁜 소식을 전한 적이 없다. 슬프고 화나고 무서운 소식만을 전한다. 무소식이 희소식이라는 속담의 전형이다. 음모론자 같지만 이 속담은 기쁘고 좋은 소식은 나한테 닿지 않고 어디론가 사라지고 있으며 슬프고 안 좋은 소식만 꼭 개개인에게 전달하여 슬픔만이 옮겨오는 현상을 설명하는 것 같기도 하다. 슬픔이 나눠서 반이 되는 것인지 오히려 두 배가 되는 것인지 모르겠다.

　재난경보문자는 중앙정부 지침대로 행동하지 않은 누군가의 부주의로도 읽힐 수 있다. 이는 이웃에 대한 막연한 혐오감을 일으킨다. 도시생활의 특징 중 하나는 이웃 사이에 안개처럼 뿌옇게 찬 이 감정에 대한 오해를 풀 기회가 없다는 것이다. 이 안개의 성분 대부분은 의심이다. 딱히 엮일 일이 없는 이웃 주민들에 대한 좋은 소식은 들려오지 않는다. 희소식이 정말 무소식이 된 것이다. 이웃에 대한 정보는 보통 어두운 내용으로 가득 찬 뉴스에서 제공하거나 재난경보문자 뿐이다. 이웃 사이에 나누는 인사 또한 어느새 재난경보문자화한 것일지도 모른다. 내용은 이웃을, 만남을 조심하라는 경보, 경고들. 하면 안 되는 것들만 또렷하게 교육시킨다.

    포털에 재난경보문자라고 검색하면 먼저 뜨는 것은 무엇일까? 사람들은 온통 재난경보문자 소리를 무시할 방법을 갈구한다. 평생 함께 살아야 하는 사람에게 듣는 잔소리처럼 불가항적으로 이 불길한 소리를 계속 들어야 하는 것은 아닐까. 그렇다면 조지 오웰『1984』는 소설에서 다큐멘터리로 장르를 바꿔야 할 수도 있다. 다행스럽게도 내 휴대전화에는 아직 이 문자에 대해서 소리 알람을 on/off 할 수 있는 기능이 살아있다. 간신히 찾을 수 있게끔 꼭 숨은 이 토글스위치를 내리면서 속으로 자유를 불렀다. 회사 동료들은 나처럼 어느새 이 재난경보문자 알람을 꺼놓았다. 누가 끄라고 하지도 않았는데 다들 비슷한 기분이 들었나보다. 어느덧 알람을 끄는 일은 사회의 에티켓으로 자리 잡았고, 다시 생활상의 고요함을 유지할 수 있게 됐다. 경보 문자를 무시하는 것이 한편으로 뒤가 켕기는 일이기는 하나 어쩔 수 없다. 인사도 그렇기 때문에 모두들 인사 스위치를 내리기로 정한 것일까.

회사에선 몇 년을 얼굴만 아는 사이로 지내다가 우연히 프로젝트를 같이 한다거나, 회식 자리에서 마주치면서 그 뒤로 인사를 나누는 사이가 되는 경험을 한다. 그것은 회색 구름이 걷히는 것처럼 상쾌한 경험이다. 인사가 없는 관계일 때는 그가 내 옆을 지날 때까지 안 본 척 시선을 내 앞에 바닥으로 떨어뜨려야 한다. 이웃은 메두사의 눈을 가지지도 않았지만, 왕의 행렬이 이어지는 동안 왕을 쳐다봐서는 안 되는 자리에 가 있는 것도 아니지만 묘하게 인사가 어렵다.

회사에 새로 입사한 인턴들로부터 내가 화장실로 가는 중에 인사를 받은 적이 있다. 경보음이 울린 것처럼 깜짝 놀라며 고개를 숙였다. 인턴은 교육을 받는다고 항상 네다섯 명이 몰려다녀서 인사 소리가 크고 움직임도 크다. 건물 안에서 돌아다니는 누구든지 가리지 않고 보이는 사람마다 무안할 정도로 인사를 해댄다. 표정도 밝다. 반자동인 그들의 인사는 피할 수 없다. 가만히 자리에 앉아서도 그들이 어디쯤 지나고 있는지 알 수 있다. 그들의 동선은 마치 태풍의 이동 경로나 다름없다. 태풍의 거센 비바람 대신에 향수를 품은 바람과 귀울음이 남는다. 난 화장실에 가려다가 분에 넘치는 큰 인사를 받은 것 같았다. 내 작고 소심한 목례가 그들에게 충분히 전달되지 않은 것 같아 그들

옆을 지나며 몇 번을 더 고개 숙였다.

　　신입사원식 인사는 이웃 사이에 나누는 인사와는 다르다. 둘의 공통점은 귀가 예민한 나를 깜짝 놀라게 한다는 점뿐이다. 신입의 인사는 내가 회사에 다니고 있다는 것을 일부 증언해 주기도 한다. 서로를 유령으로 만들고자 하는 안본 척하기 안갯속에서 오랜만에 사람을 마주한 것이다. 그것은 누구에게라도 썩 놀랍고 반가운 마주침일 것이다. 이웃 사이의 인사도 이런 게 될 수 있을까? 우린 서로 아무것도 아닌 사이였지만 인사를 통해 서울에서 잘 버티며 살아간다는 걸 알아주는 사이가 될 수 있을까?

　1) 이기영, 『신개지』.

흐릿한 인사의 기억
이성민

나의 어머니는 강원도의 한 시골 마을에 산다. 나는 서울의 한 아파트에 산다. 연초에 나는 시골집에 몇 달 머물면서 방치된 한쪽 밭을 잔디밭으로 개조하는 일을 시작했다. 지금은 일이 마무리되어 무더운 여름의 정원은 푸른 빛깔로 사람의 마음을 식혀준다.

그곳에를 쭈그리고 앉아 잡초를 뽑던 어느 날, 나는 움직이는 작은 무언가가 손에 닿아 움찔 놀라게 되었다. 나중에 보니 잔디와 색깔이 같은 작은 방아깨비였다. 그것을 나는 '너도 한번 놀라 봐라.'라는 뜻이 들어간 것 같은 재빠른 동작으로 손에서 털어냈다. 본능 같은 그 동작의 실행은 어쩐지 동작 자체가 낯설다는 느낌을 낳았다. 생각을 해보니 방아를 찧는 방아깨비는 어린 시절 나의 놀이 친구였다. 우리는 이 친구를 찾아내기 위해 풀숲을 뒤지곤 했다. 그랬던 이 곤충이 푸른 잔디 사이에서 푸른 불청객이 되어 있었던 것이다.

시골집에서 한 시간 반을 차를 운전하면 서울집에 도착한다. 내가 사는 서울의 그 아파트는 재건축된

아파트이다. 재건축 이전에도 나와 나의 가족은 이곳에 오랫동안 살았다. 이제는 기억에만 남은 예전의 이곳과 비교하면 지금 이곳은 많은 것이 변했다. 말하자면, "바다-변화".2) 그렇게 변한 것은 아파트 자체만이 아니다. 엘리베이터를 탔을 때도 달라진 것이 있다. 전에는 그 안에서 사람들이 인사를 나누었다. 지금은 나누지 않는다. 인사는 사라졌다. 새로운 아파트에서 이제 8년을 살았지만, 사라진 인사는 돌아오지 않았다.

    엘리베이터에 인사가 사라졌다는 사실은 처음에 좀 불편했다. 지금도 나는 이 상황이 편하지만은 않다. 그렇지만 사람은 익숙해진다. 잔디의 말끔함에 익숙해진 내가 방아깨비에 놀라 손끝에 제 발로 찾아온 그것을 재빨리 털어내듯, 아파트 엘리베이터에서도 입끝에 제 발로 찾아온 인사를 곧바로 털어낼 수 있다. 방아깨비처럼 가볍고 작으니까.

    방아깨비가 어린 시절 놀이 친구였다는 것 말고는. 방아깨비가 정말 놀이 친구였다면, 친구를 다시 만났을 때의 내 행동은 좀 이상하다. 파래가 노랗다는 것만큼이나 이상하다. 오랜만에 만난 친구를 털어내는 친구도 있다는 말인가?

    그렇다면 무엇일까? 그렇다면 분명 그 방아깨비는 친구가 아니었을 것이다. 다시 생각해 보니, 아이들의 특성에 잔인함이 있듯, 나는 다른 아이들처럼 방아깨비와 같이 놀았던 게 아니라 방아깨비를 괴롭히고 있었다.
잘 알지도 못하는 그 작고 가벼운 곤충을. 내게 그것은
파브르의 "작은 경이들"이 아니었다.3)

엘리베이터에 인사가 있던 시절 그 인사도 내게 그런
것이었을까? 익숙하기는 하지만 애정은 없었던. 별생각 없이
마구 다루었던. 잘 알지도 못하면서 없어지니 아쉬운.
나중에 보고는 흠칫 놀라기도 하는.

사람은 익숙한 환경이 낯선 환경으로 변할 때 불편함을
느끼는 것 같다. 그렇지만 그러한 불편함과 불편함에서 오는
부정적 감정은 익숙했던 환경이 왜 정말로 좋았던 것인지를
설명하지 못하는 것 같다. 부정적 감정이 강할수록 설명의
의지는 물러진다. 찜기에 너무 오래 놓아둔 가지처럼.
익숙함은 대상에 대한 진짜 애정이나 호기심이 아니다.
익숙함이 제공하는 잘 안다는 느낌은 그저 느낌일 뿐이다.

이제 나는 내가 인사를 사랑한 적이 없다는 것을
깨달았다. 다시 말해서, 이제 처음으로 인사를 사랑할 수
있게 된 것 같다.

2) 윌리엄 셰익스피어, 『태풍』, 1막 2장.
3) "작은 경이들(small wonders)"은 매튜 클라크 스미스의
아동용 파브르 전기 『파브르 이야기』(두레아이들, 2015)의
원래 제목이다.

PRACTICE 2
눈치

물에 뜨는 방법
윤경근

　수영을 할 때 가장 중요하게 생각하는 것은 물에 뜨는 것이다. 호흡도 중요하지만 물에 자연스럽게 떠 있지 못하면 몸에 힘이 들어가고 어떤 동작을 해도 가라앉게 되어 아무 것도 하지 못한다. 물에 뜨려면 온몸에 힘을 빼고 가만히 있어야 한다고 생각하겠지만 사실 물에 무척 예민하게 반응해야 한다. 몸이 한 쪽으로 기울어지지 않게 매 순간 배에 힘을 주어 균형을 맞추고 손은 계단을 내려갈 때 난간을 잡듯이 손가락을 붙이고 아치 형태의 모양으로 둥글게 말아 물을 휘저으며 마치 물을 잡고 있다. 다리와 발도 한시도 가만히 있으면 안 된다. 아래 위로 움직이며 손과 몸에서 타고 내려오는 힘의 방향이 잘 맞도록 도와야 한다.

　마치 물에 떠 있는 것처럼 함께 일하는 사람들의 눈치를 살피며 지내왔다. 다른 사람이 만들어낸 물결의 방향과 세기를 다양한 감각을 활용하여 몸으로 느꼈다. 말로 하지 않는 어떤 중요한 포인트를 놓치고 있는 것은 아닌지, 미세하게 굽이치는 파도와 같은 감정들을 골라내려 애썼다. 바다의 거센 파도 같은 사람들을 대할 땐 조금 더 예민해지는 것 같다. 물에 떠 있는 생활에 적응을 해서 이젠 근육의 움직임이 여유롭고 편하지만, 파도가 유독 심하게 치는 날엔 잠수를 하거나 물에서 빠져나오고 싶은 생각이 가득하다. 거대하고 세게 휘몰아치는 파도 같은 사람들은 그 마음을 알 수 없겠지. 아무리 파도와 같다지만 어쨌든 사람이니 그 안에 떠 있는 다른 사람을 위해 튜브 정도는 던져줬으면 좋겠다.

신발끈
오현지

 오랜만에 고향 친구를 만났다. 시끄러운 술집에서 과거의 추억을 팔면서 시간을 보냈다. 붉은 조명 때문인지 유난히 붉어 보이던 친구가 갑자기 내게 툭 "넌 눈치를 너무 많이 봐"라고 말했다. 나는 아무렇지 않게 "그래? 내가 눈치를 많이 보나?" 하고 넘어갔다. 무심하게 던진 그 말이 생각보다 오래 가슴에 남았다.

 한날은 비가 내리는 날이었다. 비가 억수같이 내리다 다시 잠잠해지기를 반복했다. 한 손엔 노트북과 우산, 다른 한 손엔 짐을 가득 들고 집에 걸어가고 있었다. 그때 친구에게 전화가 와 이런저런 이야기를 나누다 친구에게 눈치에 관해 물었다. "눈치가 뭘까?" 하는 질문에 "눈치는 어떤 상황에 이끌려서 행동하게 되는 거 아닐까?"라고 친구는 말했다. 그 말대로라면 나는 눈치를 자주 본다. 어떤 상황이 나에게 이렇게 하라고 소리칠 때 그 행동을 빨리해서 상황을 해결하고 싶어한다. 그 상황에 가장 맞는 행동, 가장 맞는 옷, 가장 맞는 말을 한다. 그러는 게 편하다.

 신입생 환영회 날, 모두가 어색해하는 상황에서

어김없이 앞에 앉은 친구들에게 먼저 말을 걸었다. 아무도 말을 안 걸려고 할테니까. 평소보다 한 톤 높은 목소리로, 평소보다 웃는 얼굴로, 평소보다 신경 쓴 옷을 입고선 말을 걸었다. 평소 같지 않은 일을 한다는 것이 생각해 보면 굉장히 소모적인 일이다. 나답지 않은 일을, 눈치를 보면서 스스로 한다. 하지만 그 상황에 놓이면 다시금 내가 그런 '눈치 보는' 행동을 하고 있다.

눈치란 마치 풀려버린 신발끈 같다. 풀려버린 신발끈은 '타다닥 타다닥' 소리를 내면서 자기 존재를 끊임없이 알려온다. 양손에 짐을 한가득 들고 있어도 시선은 어느새 신발로 떨어진다. 나를 봐달라고, 빨리 해결해 달라고 소리치기에 그냥 신발끈을 깔끔히 매듭지어버린 것뿐인데, 나는 어느새 그들에게 '눈치를 많이 보는 사람'이 되어 있었다.

"왜 이렇게 눈치를 자주 봐?" "현지는 눈치를 많이 보는 편이지." 이런 말을 들을 때마다 '나를 바꿔야 하나?'라는 생각을 자주 했다. 그러나 그 순간도 잠시, 어디선가 다시 소리가 들려온다. 타다닥 타다닥. 끊임없이 소리를 내는, 풀려버린 신발끈을 나는 가만히 지켜볼 수가 없다. 그래서 그냥 신발끈을 다시 꽉 묶는다.

배부르니 그만 먹을게요
현재호

지금 다니는 회사엔 사내 식당이 있다. 사내 식당엔 영양사가 있다. 영양사는 균형 있는 식단을 짠다. 하지만 아무리 식단을 잘 짜놓아도 별 소용이 없다. 주어진 반찬 중에 꼭 하나씩 내가 안 먹는 반찬이 섞여있으니까.

식당은 건물 8층에 있다. 입구에서 사원증을 찍고 식판과 수저를 챙긴다. 영양사께서 먼저 국을 배식하며 "맛있게 드세요~" 하며 인사를 건넨다. 인사를 받는 둥 마는 둥 하며 반찬과 밥이 있는 쪽으로 돌아선다. 국을 뺀 나머지는 자율 배식이다. 먹고 싶은 만큼 담을 수 있다. 밥은 조금, 살쪄서 탄수화물 먹는 것을 줄여야 한다. 고기는 많이, 요 근래 고기반찬이 잘 안 나온다. 귀하니까 먹을 수 있을 때 많이 먹어둬야 한다. 김치는 잘 안 먹지만 있으니까 집게로 한 번만. 연근은 패스. 샐러드라고 부르기 민망한 양상추 채 썰어 놓은 거 조금, 그 위에 키위 드레싱 많이.

하지만 이렇게 떠 놓고, 다 먹었다 싶어 일어날 때 보면 또 남긴 음식물이 있다. '앗 샐러드를 안 먹었네. 어쩔 수 없지.' 이번에도 결국 고기랑 밥만 먹은 것 같다. 돌이켜보면

식습관이 이렇게 굳어진 지가 꽤 오래전 일인 것 같다. 배는 부른데, 정말 이렇게만 먹어도 괜찮은 걸까. 균형 잡힌 영양소 따위는 신경 쓰지 않아도 되는 걸까?

눈치를 주고받는 일에 있어서도 편식증이 도지는 것 같다. 눈치도 식판에 음식을 퍼 담듯이 보고 싶은 사람에게만 본다. 그랬더니 누군가 왜 그러고 다니냐고 자기 눈치도 봐달라며 눈치를 준다. 그는 영양사도 아니고 차라리 김치나 연근 같다. 하지만 나의 눈치 식판은 이미 가득 찼고, 붙들고 있는 것만 먹어도 배가 부를 것 같다. 다 받아줄 듯 사람 좋아 보이지만 은근히 소식한다. 더 먹으면 체하거나 더부룩하게 소화가 어려울 것 같으니 오늘은 여기까지만 먹겠다고 정한다.

반찬 가리지 않고 골고루 먹어야 몸에 좋다던 어른들의 말처럼, 눈치도 사람 가리지 않고 골고루 보고 다녀야 건강한 인간관계를 만들 수 있는 걸까. 어른들의 말이 맞다면 좋아하는 사람 눈치만 보지 말고, 싫은 사람 눈치도 살펴야 하는데 말이다. 그들은 튀겨서 나오는 생선, 초장에 찍어 먹는 브로콜리, 김부각 반찬처럼 싫은 눈치를 건넨다.

갓 서른을 넘긴 지금은 젊으니까 마음도 몸처럼 잘 버티고 있지만 나이를 여기서 더 먹으면 인간관계적 건강이 어떨지 모를 일이다. 식습관이 나쁘면 영양 불균형을 겪을 수 있는 것처럼, 눈치도 균형 있게 보지 않는다면 이다음에 마음이 여러 결핍에 시달릴 수도 있지 않을까.

만약 그렇다고 하더라도, 싫어하는 반찬 같은 눈치들은 못 본 채 그대로 둘 것이다. 디스토피아 세상이 열려서 식문화가 극한으로 퇴행을 겪고, 내가 영화 매트릭스처럼 돌에 낀 이끼로 만든 죽만 먹어야 하는 상황에 처하지도 않은 것처럼, 내 세상에 싫은 눈치들만 남지도 않았다. 하루에 두세 끼씩 꼬박꼬박 먹어도 아직도 못 먹어본 좋은 먹거리가 여전히 남아있다. 마찬가지로 다른 좋은 사람들이 여전히 많고 그들이 건네는 눈치만 받아도 그 양이 만만찮다. 오히려 그들의 눈치를 더 세밀하게 받아줘야 한다. 싫은 반찬은 억지로 먹는 게 아닌 법이다. 눈치도 딱 그렇다.

나무를 심은 사람
황지은

우리나라뿐만 아니라 해외에도 이름이 널리 알려진 광고 디자이너를 만난 적이 있다. 그는 무려 내 스승의 스승이었다. 그의 작업실에는 선풍기가 한 대뿐이었는데 실내 온도는 30도를 웃돌았다. 스승과 나 그리고 함께 간 친구들이 부채질로 연신 땀을 훔치자 그는 카페로 자리를 옮기자고 먼저 말을 꺼냈다. 에어컨이 있어 시원할 거라며, 여기는 너무 덥다며 이곳에 가장 잘 적응한 사람이 말했다. 카페에서 그는 이제 우리의 이야기를 듣고 싶다며 차례를 넘겼지만 아무도 선뜻 입을 열지 않자 재촉하거나 나무라는 대신 다시 자신의 이야기를 이어갔다. 우리가 몸을 움직이는 모양새를 유심히 살피며 우리가 말하지 않는 것을 미루어 짐작하려 애쓰는 그의 마음이 느껴졌다.

    하지 않아도 문제가 되지 않는 일을 그는 몇 번이나 더했다. 어떤 마음을 먹어야 그처럼 마음을 쓸 수 있는지 감이 오질 않았다. 나중에 이 일화를 두고 누군가 말했다. 그건 하지 않아도 문제가 되지 않는 일이 아니라 사람으로서 반드시 해야 하는 일이라고. 그것은 지금까지 없던 것은 아니지만 보기 드물게 위에서 아래를 향하고 있는 일이었다. 응당 사람이라면 제대로 해내고 싶어 하면서도 나이가 들면 대개 잊어버리고 마는 일이었다. 그 마음의 작동 원리를 나중에야 알았다. 그는 우리를 제자의 제자로 대하지 않고, 디자이너도 아니고 젊은이도 아닌, 그저 사람으로 대한 것이다.

그를 만나기 전에 반드시 수행해야 하는 미션이 하나 있었는데 장 지오노가 쓴 『나무를 심은 사람』을 읽고 필사하는 것이었다. 『나무를 심은 사람』은 주위 시선에 아랑곳 않고 황량한 산간에 꿋꿋이 나무를 심어 수년 뒤 울창한 숲을 일군 노인의 이야기를 담고 있다. 그와 헤어지면서 그를 '나무를 심은 사람'과 겹쳐 보는 것은 어려운 일이 아니었다. 나무가 숲이 되고 숲이 삶의 터전이 되길 바라면서 아주 작고 보잘것없는 흙과 씨를 살피는 일. 그가 우리와 함께 있었던 두어 시간 동안 한 일이었다. 성별, 나이, 직업에 가려 그 속에 무엇이 있는지 제대로 보지 못하는 사람이 숱하다. 그는 아주 깊은 곳까지 들여다볼 줄 아는 '사람'이었다.

PRACTICE 3
비밀

추천할 수 없는 책
황지은

어림잡아 300권이었다. 가을을 맞아 안 읽는 책들을 처분하고 구석구석에 쌓인 먼지도 쓸어낼 겸 책상과 침대 사이, 옷장과 수납장 사이에 대책 없이 쌓여 있는 책들을 끌어 방 한가운데에 모았다. 작가를 지망하는 사람치고 기대에 한참 못 미치는 양이었으나 지금 내가 말할 수 있는 것, 느낄 수 있는 것에 비하면 과분한 숫자였다. 그중에는 다시 읽을 것도 아닌데 쉽게 버리지 못하는 책도 상당했다. 왜일까?

한번 집에 들인 물건은 집 밖에 잘 내다 버리지 못하는 편이기도 하지만 그런 책들은 내용 이상의 무언가를 담고 있었다. 이를테면 책의 표지를 보면서 '이런 책도 있었지' 하고 낚싯줄을 던지면 '나에게 이런 고민도 있었고 이런 사건도 있었지' 하면서 지난 추억들이 미끼를 덥석 물고 수면 위로 끌어올려진달까? 디자인에 첫발을 들였을 때는 디자인 관련 책, 재택근무를 시작할 즈음에는 요리책, 마음이 괴로울 때는 철학과 심리학 분야의 책을 사들였다.

그중 심리학 관련 책은 유독 아픈 손가락이다. 이제는 내 마음을 스스로 다스리는 방법을 조금이나마 깨우쳐 더 이상 쓸모없게 되었지만 내 방을 벗어나면, 혹시나 거실에 잠깐 내놓았다가 가족 중 누군가 과거에 나조차 이해하지 못했던 내 복잡한 심연의 존재를 알아챌까 봐 두렵기 때문이다. 그런 책은 밖에 가지고 나가는 일도 없다. 친구들 틈에서 펼쳐 들면 꼭 서너 명 중에 한 명은 책을 구실로 말을 걸어와 사람과 사람 사이를 이어주는 오작교 기능도 하지 못하는 셈이다. 하지만 나와는 아직도 깊게 닿아 있었다.

내 마음에 아주 깊게 새겨졌으나 누구에게도 추천할 수 없는 책. 비밀은 이렇게 생기는 걸까? 책을 권한다는 것은 그런 의미에서 은밀한 거래와 비슷하다. 아주 친한 사람에게만 비밀을 털어놓듯이 내가 무엇에 흥미를 느끼고 마음이 동하는지, 어떤 일에 한숨을 쉬며 괴로워하고 눈물짓는지 책을 들이밀며 에둘러 표현하는 것이다. 듣는 이가 내 마음과 같길 바라면서.

빅터 파파넥이 쓴『인간을 위한 디자인』이라는 책이 있다. 웹디자인 에이전시에서 디자이너로서 첫 발을 뗄 때 읽었다. 당장 눈앞에 놓인 실무와는 거리가 먼 내용을 담고 있었기 때문에 주위에 그런 책을 읽는 사람이 없었는데도 나는 그런 분야의 책을 여러 권 가지고 있었다. 남들과 다르게 두드러지는 건 타깃이 되기 마련이다. 모난 사람들은 내가 무슨 실수를 하거나 성에 차지 않는 부분이 있으면 그 책을 자주 걸고넘어졌다. 아직 신입이었기 때문에 나는 그 책이, 그 책을 마음에 들어 하는 나의 취향에 정말 문제가 있는 줄 알았다. 그래서 그곳을 벗어나서도 누군가 감명 깊게 읽은 책을 물어보면 그 책의 제목이 턱 밑까지 차올랐지만 꿀꺽 삼켰다.

그로부터 몇 년 뒤, 디자인 대안학교라는 곳에서 내가 관심 가질만한 세미나가 열려 참석한 적이 있다. 『인간을 위한 디자인』뿐만 아니라 같은 뿌리에서 자란 책 여러 권이 세미나 중에 소개되었다. 기대했던 것 이상으로 나의 관심사가 진지하게 다뤄졌다. 심지어 그 책을 나보다 더 많이, 더 깊게 읽은 사람들이 내 앞에 앉아 있었다. 그 순간 나는 새로운 행성을 발견한 우주비행사가 된 기분이었다. 다른 건 아무것도 존재하지 않고 오직 그 책을 읽은 사람만이 가득한 새로운 행성. 나는 세미나가 진행되는 동안 그 행성에 꽂을 깃발을 찾아 가방을 뒤적였다. 그리고 마침내 행성 한구석에 깃발을 꽂으면서 생각했다. 너무 돌아왔다고, 이곳에 오기까지 너무 오래 걸렸다고.

오랫동안 말할 수 없었던 것을 누군가 콕 집어 헤아려줄 때의 그 기쁨. 캄캄한 우주에 정처 없이 떠다니는 별들을 하나의 줄이 꿰뚫어 무슨 자리라는 이름을 얻고 전에 없던 특별한 의미가 생기듯, 추천할 수 없는 책의 미래가 그것이라면, 그토록 찾아 헤매던 새로운 삶의 터전을 발견했을 때의 감동을 숨기고 있는 것이라면, 비밀은 그 자체로, 턱 밑에 숨어 있는 것만으로도 제 역할을 톡톡히 하고 있는 것인지도 모른다.

핑퐁
오현지

 탁구를 처음 쳤을 적 기억이 있다. 어떤 이름 모를 공원에 가족끼리 놀러 갔을 때다. 공원 한편에 탁구대가 있었다. 항상 왕년에 못 했던 게 없는 것처럼 말하는 아버지가 먼저 라켓을 잡았다. 나보다 두 살 많은 오빠가 뒤따라 라켓을 잡고 아버지가 가르쳐 주는 대로 공을 쳤다. 오빠는 곧잘 따라 했다. 어쩐지 부러운 마음에 떼를 써 나도 라켓을 잡았다. '핑' 하고 나에게 날아온 공은 라켓에 얼추 맞아도 어김없이 네트에 걸렸다. '통통' 하고 굴러가 떨어지는 공이 늘어날수록 나는 점점 흥미를 잃어갔다. 어느새 뒤로 빠져서 근처에 있는 어머니 곁에 앉아 아버지와 오빠가 탁구 치는 것을 바라만 보았다. 그들이 치는 공은 불규칙한 리듬을 만들어 냈다. '핑' 하고 날아간 공이 다시금 '퐁' 하고 되돌아오는.

 친하다고 말하기엔 아직 어려운 친구가 있다. 한 번은 그 친구가 날을 잡았는지 술을 마시자고 나를 불러냈다. 홍대 거리를 걷다가 어느 술집에 들어갔다. 한 잔 두 잔 나누다 보니 친구는 얼큰하게 취했고 이윽고 자기 이야기를 꺼내기 시작했다. "우리 집이 말이지…"로 시작해서 쏟아낸 말들은 내가 감당하기에는 너무 무거웠다. 친구의 표정은 어두웠고 나를 바라보는 눈빛에서 왠지 모를 압박을 느꼈다. '무슨 말이라도 해 봐. 어서 나를 위로해 줘' 하는 무언의 요구가 계속됐다. 이야기의 마지막 페이지까지 읊은 친구는 결국 말을 잃었고, 침묵은 나를 더 당황스럽게 만들었다. '어떡하지? 나도 내 비밀을 꺼내야 하나? 흔히들 아플 때 가장 큰 위로가 되는 건 자신과 비슷한 아픔을 가지고 있는 상대와 그 아픔을 나누는 것이라고 하지 않나? 그렇게 나도 내 아픔을 꺼내서 보여줘야 하나?' 그러나 도무지 입이 떨어지지 않아 "힘들었지?"라는 어설픈 위로만 던지고 말았다.

    나의 내밀한 이야기를 꺼내기에는 아직 먼 거리에 있는 사람이 종종 그 거리에 서서 나에게 비밀을 던질 때가 있다. 그럴 때면 상대의 호흡에 맞추어 내 비밀도 던져줘야만 할 것 같다. 공을 주고받아야 게임이 진행되는 핑퐁처럼 말이다. 너무 멀리 있다고 생각한 사람이 던진 비밀은 쉽게 받아치기가 힘들다. 그럴 때마다 나는 단지 벽이 된다. 그가 던지는 비밀은 나에게 부딪혀 어떤 흔적을 남긴다.

    취한 친구를 잘 추슬러 보내고 집으로 돌아가는 길, 나에게 다소 폭력적으로 남은 그 흔적에 대해 다시 생각해 봤다. 왜 내가 이걸 부담스럽다고 느꼈나. 그들에게 다시 돌려줘야 한다는 강박 때문일까? 그러나 사람과 사람이

처음에는 서로 다른 거리감을 가지고 있다가 시간이 흐르면서 점점 가까워지는 것은 당연한 일이다. 처음부터 같아야만 한다는 강박에서 벗어나, 다른 거리감이 서로에게 만드는 흔적을 자연스럽게 받아들일 수 있다면, 마침내 가까운 사이가 되었을 때 나에게 새겨진 것은 어떤 흔적이 아니라 하나의 추억이 된다.

거짓말을 잘하는 맛조개
박민지

가족에게만큼은 비밀이 많다. 세상 사람이 다 아는 것들을 가족은 하나도 모른다. 내 사생활, SNS, 하는 일 등등 어느 사소한 것 하나도 가족에게 새어나가지 않게 노력한다. 이런 노력과 그동안에 생긴 노하우들은 어릴 때부터 쌓인 것인데, 어른이었던 아빠를 속이는 일이란 쉽지 않은 일이었기 때문이다. 똑똑하고 독한 사람을 속이는 일은 어린 나이에 능숙하게 해내기가 꽤 어려운 일이었고, 나는 아무리 발버둥을 쳐봤자 아빠의 손바닥 안이었다. 내가 무얼 하고 다니는지, 거짓말을 하는지 안 하는지 아빠가 파악할 수 있는 방법이 다양해질수록 많은 것이 들통났다. 다 파헤쳐진 후에는 도로 묻으려고 애쓰면서 다시는 파헤쳐지지 않겠다고 다짐했다. 그런 일들이 반복되면서 나는 어느새 꽤 높은 장벽을 단단하게 세웠다. 말을 할 때 눈동자가 흔들리면 바로 의심하는 그의 노림수를 알고 나선, 거짓말을 할 땐 유독 눈에 힘을 주고 또렷이 쳐다보는 연습을 했다. 손짓 하나도 허투루 하면 안 된다. 뻣뻣하게 서서 또박또박 말을 하면 그제서야 그는 믿었다. 나이가 들면서 덩달아

장벽도 높아져 어느새 아빠의 노림수와 동등해졌다. 그래도 성인이 되어 집을 나오기 전까지는 한 쪽은 파헤치려 하고 한 쪽은 숨기려 하는 끝없는 싸움이 계속됐다.

 초등학생 때 가족들과 서해 갯벌에 간 적이 있다. 맛조개를 채집하는 방법을 알려주겠다며, 어떤 아주머니가 조용히 구멍이 나 있는 곳에 가서 소금을 탁탁 뿌렸다. 그러자 기포가 생기기 시작하더니 맛조개가 불쑥 튀어나왔다. 아주머니는 그 타이밍을 놓치지 않고 잽싸게 맛조개를 낚아챘다. 나도 할 수 있겠다 싶어 여기저기 돌아다녔지만, 내 발자국 소리에서부터 이미 맛조개는 도망가고도 남았다. 다른 사람들은 몇 마리를 잡았나 허리를 펴고 고개를 돌리니 누군가 땅을 파고 있었고, 그 옆에 있는 사람은 머쓱해하는 기색이었다. 가까이 다가가서 보니, 아빠가 답답하다며 맛조개가 있음 직한 곳을 삽으로 다 파헤치고 있었다. 덕분에 맛조개들은 반으로 잘려 하나 둘씩 모습을 드러냈고 그중에는 온전히 살아있는 것도 여러 마리 있었다. 그 모습을 보고 몇몇 사람은 웃었지만, 나는 웃을 수 없었다. 그 모습은 마치 대기업이 포크레인을 끌고 와 옆에서 삽으로 열심히 땅을 파던 사람을 무기력하게 만드는 것 같았달까. 아무리 노력해도 숨으려야 숨을 수 없는 자연이 욕심 가득한 인간한테 당하고야 마는 모습 같기도 하고, 언제나 아빠의 손바닥 안에 있어야만 할 것 같은 내 모습도 얼핏 보였다.

나는 옆에 가만히 앉아서 거친 삽에 반으로 잘려나가는 맛조개들을 하나씩 주웠다. 그러고는 소문이라도 났는지 이미 도망가고 없는, 연탄구멍처럼 작은 맛조개의 집이 갯벌 밖으로 드러나있는 것을 구경했다. 그러고 있자니 더 이상 맛조개를 잡고 싶지 않아졌다. 맛없을지 맛있을지 궁금하지도 않았다. 나도 저 삽에 치여 무기력해지기 전에 재빨리 숨고 싶었다.

숨은 OO 찾기
현재호

동네 아이들이 모여서 하는 놀이 중에 난 숨바꼭질이 싫었다. 숨바꼭질은 조용하고 외로운 놀이다. 가위바위보에서 진 술래는 열을 세고 나면 주변에 아무도 남지 않는다. 넓은 세상에 친구는 다 사라지고 혼자 남겨진 것 같은 그 느낌이 싫었다.

어린 시절에는 내가 작은 만큼 세상은 커 보였다. 알 수도 없고 큰 세상의 곳곳은 두려움의 대상이었다. 낮에도 그림자가 진 어두운 구석에는 악마가 살고 있는 것처럼 느껴졌다. 술래를 피해 숨은 아이들은 바로 그런 곳에 찾아 들어갔을 것이다. 두려움을 뚫고 어둠을 직시했을 때, 그림자에 숨어서 쳐다보는 두 눈이, 악마나 귀신이 아니라 내게 익은 눈이길 바랐다.

열을 세고 혼자 남겨진 술래는 달린다. 무엇이 그를 달리게 하는 걸까 애초에 그토록 친구가 찾고 싶은 것은 무엇 때문일까.

술래가 아닌 아이들은 숨는다. 꼭꼭 숨는다, 인적 드문 곳으로, 발길이 잘 닿지 않는 곳으로, 평소에 자기가 무서워하던 장소까지. 간신히 그곳에 도달하여 자리를 잡고 나면 난 이런 생각을 했다. '어서 친구가 날 찾아줬으면 좋겠다' '날 어떻게 찾았냐고 물어봐야지' '날 끝까지 못 찾으면 어떡하지?'

술래도 술래만 해본 것이 아니라서, 숨은 친구들이 어떤 생각을 하고 있는지 안다. 그래서 달린다. 친구가 자길 꼭 찾아주길 바라니까. 빠르게 찾아내지 않으면 친구는 더 무서울 테니까. 숨바꼭질은 모순적인 놀이다. "찾았다!" 하며 발견하면 친구는 놀라며 좋아할 것이다. 그리곤 술래에게 "어떻게 찾았어?"라며 물어볼 것이다. 술래의 대답도 이미 준비되어 있다. "네가 여기 있을 줄 난 다 알고 있었어."

우린 숨바꼭질을 통해서 찾는 것을 배우고 찾아야 할 것이 무엇인지를 배우고 숨는 것을 배우고 숨겨야 할 것이 무엇인지도 배운다.

어른이 되고 더 이상 몸을 숨길 일은 없지만 대신 마음을 숨기게 되었다. 이 숨바꼭질은 끝이 없다. 다리도 필요 없고 몸속으로 날아다니는 그것은 생각하는 대로 심연까지 숨어들어간다. 그것의 위치 좌표는 아직 누구도 알아채지 못했다. 자기도 잘 모르는 그곳에 웅크려서 그는 무슨 생각을 하는 걸까.

술래의 입장은 어떤가. 숨는 일에 비해서 찾는 일은 정말 어려워졌다. 어렸을 때는 그렇게 잘 찾아보았는데 말이다. 그럼에도 불구하고 술래는 술래이기 때문에, 어딘가 있을 그것을 찾아 달릴 것이다. 포기하지 않고 끝까지 찾아내 눅눅하게 젖은 그것의 뒷덜미를 낚아챌 것이다.

    그도 누군가 바로 그렇게 자신을 알아봐 줬으면 하니까 말이다.

비밀의 속삭임
이성민

비밀 가운데는 이런 비밀이 있다. 누구에게든 숨기고 싶지만 누군가에게는 말하고 싶은. 나에게도 그런 비밀이 있다. 너에게도 있어? 그럼 아직 말하지 마.

누구에게든 숨기고 싶다는 말은 그렇기에 정확한 건 아니다. 그보다는 오히려 이렇게 말하면 좋을 것 같다. 이 비밀에는 어떤 가치가 있어서 아무에게나 털어놓을 수는 없다고. 아무에게나 털어놓으면 죽도 밥도 되지 않는다고. 그렇다고 할 때 이 비밀의 가치에는 이상한 점이 있다. 왜 그 가치는 아무 때나 실현되지 않는 것일까? 잠자고 있는 아름다운 사람이 진실한 첫 입맞춤으로만 깨어날 수 있듯이. 혹은 어떻게 기다려야 하는지 아는 씨앗처럼.4)

씨앗은 씨앗이라는 형태로 기다린다. 비밀은 비밀이라는 형태로 기다린다. 그 비밀은 무엇을 기다리는 것일까? "저마다의 씨앗이 정확히 무엇을 기다리는지는 씨앗만이 안다."5) 이처럼 어떤 비밀은 자기만 알아볼 수 있는 무언가를 기다린다. 비밀의 씨앗을 싹틔우기 위해.

비밀은 얼마나 오랫동안 기다릴 수 있을까? "씨앗은

기다리는 동안 살아 있다." 기다림은 씨앗의 생명의 방법이다. 씨앗은 싹을 틔울 기회를 붙잡기 위해 일 년을 기다릴 줄 알고, 백 년을 기다릴 줄 알고, 심지어 이천 년을 기다릴 줄 안다.

비밀은 얼마나 오랫동안 기다릴 수 있을까? 씨앗만큼은 아닐 것이다. 기다리는 동안 비밀은 살아 있지만, 그렇기에 기다림은 비밀의 생명의 방법이지만, 한없이 기다릴 수는 없을 것이다.

비밀이 예를 들어 슬픔을 담고 있다고 해보자. 슬픈 사연을 품은 스네이프의 눈물처럼. 그 눈물은 마법을 통해 해리포터에게 그 사연을 보여준다.

어느 날 비밀이 마침내 "비밀을 들려줄게"라고 속삭일 때 플라스크를 준비해야 할지도 모른다. 응축된 액체를 담을. 아니면, 우리는 마법사가 아니니까, 정말 잘 들을 준비를 해야 할 것이다. 비밀의 싹을 틔울 정원사가 되어.

4) 호프 자런, 『랩 걸』, 김희경 옮김, 알마 출판사, 2017, 50쪽.
5) 같은 곳.

PRACTICE 4
약속

선인장 약속
현재호

선인장을 키워본 적이 몇 번 있다. 20년도 산다는 식물이 내가 키우면 항상 제 명을 다하지 못하고 죽어버렸다. 선인장은 물을 거의 주지 않아도 되는 식물이면서 물을 거의 주지 않아야 하는 식물이기도 하고 잊을만하면 잊지 못하고 꼭 한번 물을 주어야 하는 그런 식물이다. 선인장이 살아가는 가장 척박한 환경에는 그래도 나 같은 사람이 신경을 쓰지 않더라도 홀로 잘 살 수 있는 그런 환경이 마련되어 있다. 내 곁은 가장 척박한 환경보다 더 척박한 곳이니 선인장은 화분이라는 우주복을 입고 다른 행성에 와 있는 것이나 다름없다. 그렇다면 우주복의 산소가 다 할 때까지 선인장이 급하게 진화를 하지 않는 이상 목성인지 명왕성인지 모를 내 곁에서 죽지 않고는 못 배기는 것이다. 그렇기에 선인장에게는 선인장 기준으로, 딱 적당하거나 혹은 충분한 물이 필요하다.

 내가 키우다 죽인 선인장들은 처음 데려왔을 때 최초로 물을 주고 나서는 그 일을 잊어버렸던 것이다. 그래서 다음에 물을 언제 주어야 하는지도, 준다면 얼마만큼 주어야 하는지도 알 수 없었다. 그저 짐작으로 '오랫동안 물을 안 준 것 같으니 물을 더 주자.'라고 생각하거나 '물을 얼마 전에 준 것 같은데…'라고 착각해서 주기를 한차례 건너뛰게 된다. 식물학자나 조경사가 아니고서는 선인장뿐만 아니라 어떤 식물이라도 처음부터 제대로 키워낼 수 없다. 나처럼 몇 번을 시도해도 아직도 제대로 해내지 못할 수도 있다.

    만약에 선인장 같은 사람이 있다면 난 그 사람과의 약속을 제대로 지킬 수 있을까. 잊을만할 때 잊지 않고 말이다. 오랫동안 연락을 안 한 것 같아서 갑자기 잘 해준다든가, 얼마 전에 연락한 것으로 착각해서 연락할만한 때를 넘긴다든가 하지는 않을까? 그런다고 그가 선인장처럼 죽어버리진 않을 테지만 날 이상한 사람으로 생각할 것이다. 그가 죽기는커녕 오히려 그의 머릿속에 있는 약속을 잘 지키는 내가 죽을 것이다.

    약속을 지키고 안 지키고 하는 문제는 흔하게 사람에게 달렸다고도 한다. 상대가 누구냐에 따라 그와의 약속이 지켜질지 안 지켜질지 정해진다는 말이다. 그렇다면 누구는 내게 선인장을 죽인 것은 그냥 선인장에 관심이 없었고, 선인장 키우기를 싫어했기 때문이라고 말할 수 있다. 마치 싫은 사람을 대하듯이 말이다. 하지만 실제로 그렇지 않았다. 작고 귀여운 선인장은 키울 때마다 너무 소중했다. 선인장의 이름도 지어주고, 그의 이름과 내 이름을 같이 연갈색 토분에 적었으며, 창가에 놓인 그것을 매일 두세 번씩 쳐다보며 햇볕을 잘 받고 있는지도 확인했었다. 관심과 애정만으로는 충분하지 않았던 것이다. 나는 선인장을 키우는 방법을 몰랐던 것처럼 약속을 어떻게 지킬 수 있는지 몰랐다.

    인터넷에서 선인장 키우는 방법을 찾아보는 것처럼 약속을 지키기 위해 다른 노력이 필요할 수도 있다. 단지 잊지 않는 것만으로는 선인장에게도, 약속 지키기에 있어서도 최선일 수 없다. 선인장은 분갈이, 해충박멸, 식물영양제 주기 등 건강하게 기르기 위해 해야 할 일들이 있다. 마찬가지로 그와의 약속에도 관심의 물을 주는 주기를 잊지 않는 것과 더불어, 잘 자랄 수 있도록 영양제가 될만한 것들을 챙겨줄 수 있을 것이다.

    선인장 약속을 지켜내는 일은 어렵다. 그래도 언젠가 약속을 소중하게 다룰 수 있게 되면 파릇파릇한 그것의 몸체에서 매끈하게 윤기가 흐르는 것을 느껴볼 수 있을 것이다. 또한 선인장과 꼭 닮은 약속으로부터 가장 화려한 꽃이 피는 장면을 기대해볼 수도 있겠다.

PRACTICE 4. 약속

미래의 윤곽을 오리는 가위
이성민

나의 집엔 가위가 몇 개 있다. 책상 연필꽂이에 작은 것이 하나 꽂혀 있고, 부엌 조리기구걸이에 주방용이 하나 걸려 있다. 연필꽂이에 꽂혀 있는 가위는 쓰는 일이 거의 없다. 책상 서랍 어딘가에 있는 도장처럼. 부엌에 걸려 있는 가위는 그래도 자주 쓴다. 달걀 한 판을 묶은 밴딩 끈을 자를 때나 택배 포장을 뜯을 때, 굽고 있는 고기를 자를 때나 칼로 김치 썰기가 귀찮을 때. 가위는 분명 쓸데없는 도구가 아니다. 하지만 쓸 데가 예전만은 못한 것 같다.

어렸을 때는 가위의 용도와 사용 빈도가 더 많았던 것 같다. 가령 어렸을 때 가위로 잡지에 실린 사진을 오려본 사람이 있을 것이다. 어린 소년 제임스 램지가 냉장고 사진을 오리듯.[6] 그것은 조심스러운 부분을 거쳐야 하는 정교한 작업이다. 왜냐하면 실제 냉장고가 아무리 견고하더라도, 사진으로 찍힌 냉장고는 사진-냉장고 고유의 형상을 하고 있기 때문이다. 우리는 사진-냉장고 고유의 형상을 통해 냉장고를 알아본다. 이 형상을 집중해서 오릴 때 램지는 냉장고에 주목하지 않을 것이다. 종이 위 선

자체의 구성과 흐름에 주목할 것이다. 그러한 집중된 주목의 보람은 물론 말끔하게 오려진 "냉장고"일 테지만.

약속은 미래의 사진을 오리는 가위와도 같다. 이미 만들어진 냉장고와는 달리 미래는 앞으로 만들어야 하지만. 그렇지만 우리는 미래의 사진을 찍을 수 있고, 미래를 그려볼 수 있다. 그 그림의 테두리를 우리는 어떻게 오릴 수 있을까? 약속은 그 그림의 테두리를 오리는 가위와도 같다. 약속을 나 자신에게 하든 미래를 같이 만들 사람과 하든.

약속으로 오려낸 그림-미래를 나는 나와 같이 보기도 하고, 아니면 그 사람과 같이 보기도 한다. "어디서 볼까?" "을지로 4가역 1번 출구 어때?" "그래, 거기서 보자." 그리고 좋은 가위라면 이 가늘고 섬세한 부분을 오리는 것도 잊지 않겠지―"날이 추울 텐데, 따뜻하게 입고 나와."

6) 버지니아 울프, 『등대로』, 이미애 옮김, 민음사, 2014, 9-10쪽.

가볍게 약속하기
박민지

약속은 가볍다. 그래서 약속이 생기면, 날아가지 않게 달력에 기록하거나 메모장에 넣어두는 일에 집착하곤 한다. 약속들은 서로 무게가 달라, 어떤 건 가볍게 날아가기도 하고, 어떤 건 자기 자리를 잘 지키고 있다.

내가 읽고 있는 책 사이사이에는 책갈피 대신 작고 긴 포스트잇들이 붙어있다. 작업 공간 주변에도 간략한 메모를 담은 포스트잇들이 색깔별로, 서로 잘 보이겠다며 자리싸움을 하고 있다.

사실 이 포스트잇들은 무언가를 기억하기 위해 붙여지지만, 언제 떨어져도 아무도 모른다. 그러다 약속을 잊어버리기도 한다. 그러고 보니, 책갈피용으로 붙어있는 포스트잇은 언제라도 떼서 책을 중고로 팔 속셈으로 사용하게 됐다.

기억하려고 사용하는 줄 알았던 포스트잇을 사실은 언제라도 뗄 수 있기 때문에 사용하고 있었던 것이다. 온라인상의 메모들도 일을 완료하고 나면 드래그하여 모두 선택한 후에 delete를 해 버린다. 그러면 마음의 짐이

줄어드는 느낌이다.

　언젠가 나도 모르게 떨어져 있는 포스트잇 하나를 뒤집어보니, 먼지가 덕지덕지 붙어있었다. 점성은 사라진지 오래, 가장 기본적인 기능도 없이 언제 버려져도 모를 평범한 종이가 돼 있었다. 약속을 지키고 싶지 않았던 내 작은 귀찮음들이 저 먼지들처럼 옹기종이 모여 결국 약속을 까먹게끔 도와준 것 같았다.

　붙였다가 떼어버렸다가 나도 모르는 틈에 사라졌다가. 약속은 포스트잇처럼 눈에 띄지만, 금방 떨어질 것처럼 가볍게 팔랑거린다.

PRACTICE 5
위로

옥수수알 슬픔
이성민

오랜만에 어머니가 사는 시골집엘 왔다. 잔디밭은 오랜 비로 잡초가 무성하다. 나는 잡초를 뽑기 시작했다. 장마 뒤 무더위로 몸은 십 분 만에 땀 범벅이 되었다. 나는 본능적으로 물을 찾게 된다.

    이곳에서 마실 물을 구하는 길은 두 가지이다. 하나는 형이 잔디밭에 설치해 놓은 야외 냉장고를 열어보는 것이다. 그곳에는 종종 스프라이트나 사이다 캔이 들어 있다. 또 다른 길은 집안으로 걸어 들어가 그곳 냉장고를 여는 것이다. 그 냉장고 안에는 찬물이 담긴 물통이 늘 있다. 나의 갈증을 채우는 것은 탄산음료일 때도 있고 찬물일 때도 있다.

    이 둘은 내게 같은 일을 해주지만 또한 나의 행동에 작지 않은 차이를 낳는다. 물은 시원하게 단숨에 마실 수가 있는데, "사이다"는 그렇게 할 수가 없다. 고구마를 먹듯 나누어 먹어야 하고, 결국 다 마시지 못하는 일이 자주 있다.

    살면서 우리는 마음의 갈증을 달래야 할 때가 있다. 허무한 상실의 태양이 강하게 내리쬐고 슬픔의 땀이 온 마음을 덮을 때. 두 개의 냉장고가 있다. 한 냉장고에는 시원하게 톡 쏘는 사이다가 들어 있다. 사이다는 필요한 사람을 생각해 미리 만들어 준비할 필요가 없다는 추가적인 장점이 있다. 그렇지만 사이다 발언들을 꾹꾹 채운 캔 하나를 단숨에 마실 수 있을까? 처음에 시원하게 톡 쏘는 탄산 때문에 다시 목이 타지 않을까?

또 다른 냉장고에 든 찬물은 실은 옥수수차이다. 어머니는 직접 볶은 옥수수를 넣어 차를 끓인다. 어느 날 나는 어머니에게 물어보았다. 왜 하필이면 옥수수차냐고. 가령 왜 보리차가 아니냐고. 직접 만들어 먹을 수 있지 않냐는 것이 어머니의 답이었다.

슬픔은 어떤 필요를 품고 있지 않을까? 갈증이 어떤 필요를 품고 있듯이. 우리는 종종 슬픔에 빠진 사람을 어떻게 위로할지 몰라 당황스럽다. 하지만 우선은 이야기를 듣고 무엇이 필요한지 잘 보아야 하는 것인지도 모른다. 위로는 아주 조금은 느려도 좋은 것인지도 모르는데, 왜냐하면 옥수수를 볶고 그걸 넣어 물을 끓이고 다시 그걸 식혀 물통에 넣고 그 물통을 다시 냉장고에 넣기까지는, 그리고 냉장고가 그 물을 찬물로 만들기까지는 시간이 좀 걸리기 때문이다.

다만 볶은 옥수수알들만은 미리 많은 양을 준비해 필요할 때 쓸 수 있도록 통에 넣어두어야 한다. 위로가 옥수수차라면 볶은 옥수수알은 무엇일까? 이렇게 생각해 보자. 우리 옆에는 위로받지 못한 슬픔들이 아주 많다고 말이다. 그 슬픔들은 한여름 뜨거운 햇볕으로 옥수수알처럼 많고도 단단하게 맺힌다. 그렇게 맺힌 슬픔들을 볼 수 있고 기억할 수 있고 생각할 수 있을 때 어쩌면 우리는 옥수수알들을 정성 들여 볶고 있는 것일지도 모른다.

20%의 위로
윤경근

위로는 나에게 정말 어려운 일이다. 무슨 말을 해야 할지 잘 모르겠다. 공감 능력이 뛰어나지 않아서 깊은 공감을 잘 해주지도 못한다. 위로를 받을 때도 내 상황이나 마음이 바뀌어야 힘든 것이 나아지는 것이라 생각한다. 그래서 힘든 일이 있을 땐 그냥 혼자 이겨내려 한다. 시간이 지나면 뭐든 좀 나아지는 경우가 많으니까. 위로를 받는다고 해서 바로 기분이 나아지는 것도 아닌 것 같고. 나와는 다르게 친구들 중엔 일하다 일어난 기분 나쁘거나 힘들었던 상황들을 카톡에 쓰는 친구가 있다. 이럴 땐 뭐 어찌해야 하나 고민이 된다. 맞장구쳐 줘야 하는 건지 "그랬구나…" 이 정도 말만 해줘야 하는지. 위와 같은 반응에도 그 친구는 나름의 위로를 받고 기분이 나아진 것처럼 보인다.

출퇴근 시간의 버스 안에서 종종 핸드폰 메모장에 글을 쓴다. 가끔 배터리가 모자라면 보조배터리를 사용한다. 배터리별로 가지고 있는 전기의 양이 다 다르다. 핸드폰이 필요로 하는 양보다 모자라면 100% 충전을 해주지 못한다. 내 가방에 있는 것은 휴대성에 초점을 맞춘 제품이라 최대

20% 정도만 충전할 수 있다. 출력도 약해서 충전 속도가 답답할 정도로 느리지만 급할 땐 상당히 도움이 된다. 덕분에 버스에서 핸드폰을 꺼뜨리지 않고 글쓰기를 이어갈 수 있다.

 누군가의 하소연을 듣고 "그랬구나…"라는 말 한마디가 그 사람이 가지고 있는, 복잡하게 엉켜있는 것들을 속 시원하게 풀어주지는 못한다. 핸드폰과 용량이 딱 들어맞는 외장 배터리처럼 완전하게 충전시켜 주지도 못할 것이다. 하지만 누군가가 날 필요로 하는 순간에 옆에 있어주거나 고심 끝에 한 마디를 건넴으로써 그 누군가가 방전의 순간을 모면하도록 도와줄 수는 있을 것 같다. 내 가방에 무심하게 들어있는 작은 보조배터리처럼.

글쓰기
오현지

쓰는 건 항상 어렵다. 뭘 써야 할지. 어떤 말로 시작해야 할지. 고민이 깊어질수록 더 어려워진다. 그 쉽다는 일기조차 안 쓰는 나에게 글이란 항상 부담으로 다가왔다. 그에 비해 말은 쉽다고 느꼈다. 그냥 내뱉으면 되니. 고민 없이 생각나는 대로.

그래서 그런지 나는 대부분 말로 위로를 받는다. 말은 내 상태나 감정을 남에게 드러내는 가장 쉬운 수단이다. 이따금 생활이 힘들고 지칠 때, 그럴 때면 어김없이 전화를 든다. 처음에는 아무 말이나 던진다. "야, 그냥 심심해서 전화했어. 뭐해?" 이렇게 말을 던지다 보면 어느샌가 내가 위로를 받고 있다. 누군가에게 어떤 말을 듣지 않아도, 어떤 행위를 받지 않아도 말을 던지다 보면 위로를 받는다.

쉽게 말을 던지는 것 같아 보여도 입이라는 좁은 입구를 통해 말이 나오면서 그 속에 실처럼 여러 갈래로 뭉쳐있던 감정들이 풀린다. 입으로 내뱉는 것만으로 차례차례 정리가 된다. 그때 나는 위로를 받는다. 마음속에 담아둔 걸 입으로 내뱉으면서 푸는 행위. 그게 나에겐 '위로'다.

다른 사람에게 쉽게 꺼내기 힘든 일이 종종 생긴다. 조금 더 무거운 일들. 그런 일들은 아무리 입 밖으로 꺼내 풀어보려고 해도 입이 잘 떨어지지 않는다. 그런 것들이 속에서 쌓이고 쌓이다 보면 어느샌가 감당할 수 없을 만큼 커져 더 이상 좁은 입으로 나올 수 없는 크기로 자란다. 그러다 문득 궁금해졌다. 다른 사람에게 말하지 않으면 내가 위로를 받을 수 있을까?

그날은 별것 아닌 날이었다. 자려고 누웠지만 잠이 안 와서 서랍의 어두운 틈새를 가만히 보고 있었다. 그런데 갑자기 슬퍼졌다. 목이 메고 코 뒤가 짓눌리듯 아팠다. 벌써 새벽 2시였다. 다른 사람에게 내뱉기엔 조금 무거운 일이었지만 머릿속에 계속 맴돌고, 생각이 꼬리에 꼬리를 물고 이어졌다. 그러다 문득 친구의 말이 생각났다. 언제 글을 쓰냐고 내가 가볍게 물어봤었다. 다른 사람에게 말하지 못하는 이야기가 속에 쌓이고 쌓이다 더이상 어떻게 할 수 없을 때 글을 쓴다고, 쓰고 싶어서 쓰는 게 아니라 어쩔 수 없이 속에 가득 차서 쓰게 된다고 친구가 말했다. 그때 알았다. '내뱉는 행위로 위로를 받을 수 있다면 글로 써 내뱉는 행위로도 위로받을 수 있겠구나.' 그 말이 생각나서 휴대폰 메모장을 열었다. 메모장에 그냥 생각나는 대로, 이상의 시처럼 인과관계 없이 써 내려갔다. 뭉쳐있던 감정들이 그렇게 조금씩 조금씩 풀렸다.

이 글을 쓰면서 그때 썼던 글을 다시 읽어 보았다.

'…다시 생각하기도 아프기도 싫었다. 그러나 이 아픔은 내가 마주하려 하지 않으면 않을수록 그림자처럼 내 뒤를 잡아먹을 듯 커져가고 있었다. 이제는 빛을 등지고 내려다볼 때가 아닌가 싶다.' 지금 보면 조금 오글거린다. 그때 왜 이런 글을 썼는지 생각에 잠기기도 한다. 하지만 분명한 건 지금 내 마음은 그때보다 한결 가볍다는 것이다.

돌아다니는 무게
박민지

무게가 같아 수평을 이루는 양팔 저울 같은 위로를 받기란 참 힘든 일이다. 각자만의 무게, 그게 뭐길래 같이 있어도 외로운 느낌이 든다. 나의 무게는 누군가에게는 가볍고 다른 누군가에게는 무거울 것이다. 내가 무거운 무게로 이야기를 하는데 듣는 이의 무게는 가볍다면, 그래서 나보다 높은 위치에 있다면, 이야기하기가 쉽지 않다. 반면에 나랑 무게가 같아 비슷한 위치에 있거나 나보다 조금 더 무거워 낮은 위치에 있는 사람에게는 편하게 이야기할 수 있다. 물리적으로도 시선을 수평으로 유지하거나 더 낮은 곳을 내려다보는 게 위를 올려다보는 것보다 훨씬 안정적이듯이.

    사람마다 가지고 있는 아픔이 서로 다르듯 그 무게도 다양하다. 나는 여러 가지의 아픔과 함께 여러 가지의 무게를 지녔다. 덕분에 한두 개의 아픔을 가진 사람에게라면 어렵지 않게 비슷한 아픔을 꺼내어 공감해 줄 수 있다. 그래서인지 가끔 나를 찾아오는 친구들이 있는데, 보통은 고민이 생긴 동생들이다. 나이 차이가 크지는 않지만, 고작 1년에서 4년 정도의 차이만으로도 내가 이 친구들을 이해해

줄 수 있나 보다. 자기 또래의 친구들에겐 말할 수 없다는 식으로 이야기가 늘 시작된다. 이야기를 들어보면 내가 이미 지나온, 나만의 답을 찾은 일들이 많다. 조언을 해줄 수 있어 다행이지만 앞으로 이 친구들이 겪을 일들을 생각하면 걱정도 된다. '나와 같은 일은 겪지 말아야 할 텐데…' 싶어 그들의 무게를 덜어주려고 한다.

반대로 나보다 조금 높은 위치에 앉은 사람으로부터 힘든 이야기를 듣고 있을 때면, 이 사람이 전에 겪었던, 내가 알고 있는 일들을 떠올려보고, 최근에 어떤 일들을 이뤄내고 있는지, 그리고 근원적으로는 가족과의 관계가 어떤지까지 생각해 보게 된다. 어떤 한 부분이 안정적이라면 안심을 하지만, 불안정한 구석이 있는 것 같으면 또 걱정이 된다. '이 사람이 생각하는 자신의 무게는 어느 정도일까?' 나도 그 무게에 맞춰 조금씩 무게를 조절해본다. 내 무게가 더 무겁진 않은지 아니면 더 가볍진 않은지 저울질하며, 내가 갖고 있는 무게를 덜어내기도 하고 숨겨놨던 무게를 더 올려본다. '조금 더 얹어볼까? 내려볼까?' 고민하는 동시에 상대방의 무게를 내 쪽으로 슬쩍 챙겨오기도 한다.

이렇게 누군가의 무게에 맞춰주고 있을 때면 '내 이야기를 듣는 상대방도 이렇게 내 무게에 맞춰주려는 노력을 할까?' '나도 나와 같은 노력을 가진 사람에게 위로받고 있을까?' 하고 나쁘게 의심할 때가 종종 있다. 들어주는 것만으로도 힘이 된다는 말이 있다. 어느 정도는 맞는 말이지만 완전히 공감하기는 힘들다. 나는 나와 같은 일이 있었거나 이해심이 깊은 사람에게 털어놓는 걸 선호하는 편이다.

한 번은 친하다고 생각했던 친구에게 나의 무거움을 털어놓은 적이 있다. '긍정적인 친구니까 무거운 이야기를 크게 어려워하지 않겠지' 하고 생각했다. 하지만 이야기를 듣자마자, 한 번에 너무 무거운 무게를 받았는지, 버거워하는 모습만 보였다. 과한 걱정과 어찌할 바를 모르는 모습을 보니 '아, 잘못 말했구나'라는 생각이 크게 지나갔다. 그러다 보니 내가 갖고 있는 무게와 비슷한 사람들을 찾게 됐는데 나도 저 동생들처럼 또래에선 찾기가 힘들었다.

'나보다 더 무거운 무게를 갖고 있는 사람, 무게를 가질 수 있는 주머니가 큰 사람이 내가 갖고 있던 무게도 슬쩍 챙겨간 적이 있겠지'라고 생각하면 위로가 된다. '그 사람의 무게도 누군가 챙겨갔겠지.' 이렇게 무게가 돌고 돌아서 언젠가는 모두 수평을 이루는 상상을 해본다. 그리고 최근에는 이러한 가설에 조금의 확신을 준 일이 있었다.

평소에 내가 잘 찾지 않는 친구로부터 연락이 왔다. 나는 그 친구를 내가 가진 무게와 비슷한 무게를 가질 수 없는 사람이라고 생각했는지도 모른다. 그런데 그 친구는 나한테 불쑥 "그때 힘들었을 때, 어떻게 얼마나 힘들었어?"라며 구체적으로 물었다. '무슨 일이지?' 싶었지만 나도 자세하게 대답을 해줬다. 그러고 나니,

자기도 지금 그때의 나와 같은 힘듦을 겪고 있는 것 같다며, 그때는 내가 얼마나 힘든 줄 몰랐지만 이제는 알 것 같아, 생각이 나 연락했다고 말했다. 나랑 같은 상황을 겪어버린 친구를 보며 안타까운 마음도 들었지만, 나도 모르는 사이에 오히려 내가 위로를 받고 있었다. 지금 상황에서 자신이 위로받을 수 있는 상대가 나라고 판단한 친구가, 나한테 연락하기 전에 나를 이해했을 친구가 고마웠다. 이야기를 듣고 조언을 해준 뒤 대화가 끝나갈 즘에 친구가 "너 그때 혼자서 정말 힘들었겠다"라고 말을 해줬다. 이제는 거의 1년 반, 2년 전 일이므로 거의 잊었다고 생각했는데, 그 말을 듣고서는 그제서야 무언가 막혀있던 게 내려가는 느낌을 받았다. 어른으로부터, 연인으로부터 받은 위로는 있었는데, 정작 바라고 있던 친구들의 위로는 없었기에 내심 기다리고 있었나 보다. 그렇게 기다렸던 친구의 위로를 2년이 지나서야 받게 될 줄은 몰랐다. 받을 수 있을 거라고 생각도 못 했다.

    그리고 요즘 '그때의 네가 생각이 나서' '너와 비슷한 상황이 되어서' '네가 그렇다고 들은 것 같아서'라며 나를 찾아오는 친구들이 조금씩 있다. 예전에는 이 친구들에게 내 아픔을 털어놓은 것을 후회하기도 했는데 나중에서라도 이렇게 같은 무게를 들고 찾아오는 걸 보니 그때 말하길 잘했다는 생각이 든다. 자기만의 무게를 챙긴 채로 내가 있는 위치로 조금 내려와준, 나를 이해하면서 도움을 요청하는 친구들을 보니, 들어주는 것만으로도 힘이 된다는 말을 다시 생각해 보게 된다. 말하는 사람의 입장에서 보니, 어쩌면 들어주는 것뿐만 아니라 말해두는 것만으로도 힘이 될 수 있다고 이해해 볼 수도 있을 것 같다.

울음은 멈추지 않고 멎는다
현재호

가슴에서 울리는 심장박동 소리엔 그의 상태를 드러내는 여러 정보가 담겨 있다. 의사들은 그것으로 환자의 건강이 어떤지 가늠하고, 면접장에 들어가는 취업 준비생, 소개팅 장소에서 상대를 기다리는 사람은 그것을 통해 자신이 얼마나 긴장했는지도 알 수 있다.

심장이 내는 소리는 내가 시끄럽거나 듣기 싫다고 멈출 수 없다. 그리고 몸에서는 심장 말고도 배에서도 소리가 나고 머리에서도 소리가 난다. 생각이 많을 때는 생각이 시끄러운 것처럼 느껴지기도 한다. 그럴 땐 누가 날 불러도 잘 못 듣는다. 혹시 생각은 오감 중 청각으로 느껴지는 것일까? 또한 생각은 벗거나 떨쳐내고 싶은 것이 되기도 한다. 몸 안에서 들리는 소리가 소음이 된 것이다. 소음은 그 정도에 따라 윗집에 민원 신고를 넣고 싶어지기도 하고 백색소음처럼 잠을 더 깊이 잘 수 있게 도와주기도 한다.

소음은 바깥에서만 들려오지 않고 내 속에서도 끊이지 않고 울린다. 그것은 몸이라는 생체 기계가 돌아가는 소리다. 그리고 속에서 울리는 이 소음도 다른 소음들과 마찬가지로 크게 들리면 시끄럽다. 이럴 때 도시 소음처럼 밖에서 들리는 소음들은 속에서 나는 소음들의 "상쇄음" 역할을 하는 것일지도 모른다. 그렇다면 도시가 고요하지 않은 것도 그곳에 사는 사람들이 그만큼 소리내 울고 있다는 사실의 반증이 될 수 있지 않을까?

상쇄음이란 소음으로 소음을 지우는 개념이다. 특정한 소음의 파형을 분석하여 여기에 반대되는 파형의 소음을 추가한다. 그러면 기존의 공기의 밀도가 높은 구간에 낮은 공기가 겹쳐진다. 마찬가지로 낮았던 공기 밀도의 구간에는 높은 공기가 겹쳐져 공기의 밀도를 균일하게 만든다. 이렇게 특정 소음을 멎게 한다. 우는 사람을 위로하는 일은 사람을 상대로 상쇄음을 디자인하는 일일지도 모른다. 이는 위로의 기술이다. 우는 이에게 적절한 위로를 건네기 위해서는 내 몸속 여러 소프트웨어 중에서 바로 이것을 업그레이드해야 한다.

'우는 소리'가 어떤 파형의 구조로 이루어졌는지 그리고 몇 데시벨인지 알아야만 그것들을 지표로 삼아 걸맞은 상쇄음을, 위로의 노래를 우리가 나름 작곡할 수 있다. 저마다의 울음은 일단 음역대가 다르다. 각각의 성대가 고유의 톤과 옥타브를 지닌 것처럼 온몸을 떨어내는 울음의 음역대도 사람마다 다르다. 또한 어떤 빠르기로, 어떤 리듬을 지니고 있는지도 알아야 한다. 힘든 일이 있을 때, 날 위로하는 음악이 있다. 그런 음악들을 분석하는 일 또한 위로의 기술을 발전시키는 데 도움이 될지도 모른다.

    위로의 상쇄음으로 사람의 슬픔 자체가 없어지는 것이 아니다. 울음만 그칠 수 있도록, 울음이 심해지지 않고 잔잔해지게끔 돕는 것이다. 앞에서 말한 것처럼 속에서 우는 소리들은 자기 의지로 어쩔 수 있는 게 아니다. 그럴 땐 다른 누군가의 위로를 받는 것이 좋다. 그래야 그토록 상심한 밤에도 시끄럽지 않게 잠을 잘 수 있을 테니까 말이다.

EPILOGUE

은유로 무얼 하면 좋을까?

먼저 은유라는 개념은 다른 친구들보다도 오직 성민의 관심사였다. 그가 우리에게 은유라는 말을 가져다 다시금 새롭게 선보이기(디자인리더스 제2 탐사 은유 모임, 2019년 5월 12일 첫 모임) 전에는 그것은 우리에게 그저 말이나 글에서 쓰이는 수사법의 한 가지 종류였을 뿐이었다. 게다가 은유를 처음 선보이던 때 만들어진 모임은 글쓰기 모임도 아니었다. 모임은 혼자 읽기 어려운 책을 성민이 번역하여 읽어주는 독서 모임이었다. 당연히 은유를 수사법으로서도 활용할 일은 없었다. 반대로 은유적 표현을 보고 그것이 은유라는 것을 의식하는 공부였다고 말할 수 있을 것 같다.

    그러한 성민의 관심사는 어떻게 우리의 관심사가 될 수 있었을까? 독서 모임에서 책을 먼저 다 읽은 성민은 얄밉게도 은유를 마치 비밀인 것처럼 숨겼다. 그리고 그것을 "디자이너의 핵심 역량"이라고 불렀다. 책을 읽어나가면서 스무고개를 하는 것처럼 우린 "디자이너의 핵심 역량이란 것이 도대체 뭘까?" 하는 궁금증에 목마름을 느낄 수밖에 없었다. 왜냐면 모임에 참가하는 우린 전부 디자이너였고,

그것은 디자이너가 그렇다기보다도 먼저 우리의 역량이었기 때문이다. 어떤 직업의 역량을—그리고 그것은 바로 우리의 역량인—한 단어로 응축할 수 있을지도 모른다는 생각에 마음이 들떴다. 독서 모임은 그것이 무엇인지를 찾는 여정이었고, 일요일 저녁에 사각 테이블에 둘러앉아 조용한 가운데 글을 읽는 모임이 정말이지 모험처럼 느껴졌다.

어렵사리 은유를 소개받은 뒤에는 '내 역량이 은유구나' 하고 끝날 일이 아니었다. 우린 앞으로 은유를 더 깊이 이해할 필요가 생겼고 은유를 잘하려면 또한 무엇을 어떻게 개발하면 좋을지 같은 새로운 고민으로 이어졌다. 독서 모임은 적지 않은 인원이 꾸준히 참여했고, 은유 개념은 점차 디학에서 가장 예민한 주제 중에 하나로 자리를 잡았다. 그리고 그 시점부터 이 책이 나오기까지 1년 7개월 정도 되는 기간 동안 독서 모임 외 꾸준한 만남이 있었다. 어찌어찌하여 글을 쓰지 않던 사람 모두가 글을 쓰게 되었고 그들에게 글을 나눠볼 수 있는 용기가 생겼고, 쓰인 글을 서로 바꿔보면서 전에 나눈 적이 없는 새로운 대화를 나눴으며 그것들을 엮어서 책으로 만들어보자는 말까지 할 수 있게 되었다. 돌이켜보면 그 짧은 시간에 디학에서 많은 일이 벌어졌던 것 같다. 그중 한 가지 일을 이렇게 책으로 선보일 수 있게 되어 기쁘다.

이 책을 기획했던 가장 최근 모임은 성민의 은유 강의 내용이 잘 정리된 후에 이루어졌다. 우린 매주 목요일에 줌(zoom) 회의 사이트에 접속하여서 한 시간가량 모임을 했다. 모임은 성민이 은유 이론 강의를 두 차례 하는 것으로 시작했다. 작고 귀여운 그림들에 자꾸 정신을 빼앗길 수도 있는 은유 이론은 구성이 재밌다. 소설책을 읽는 느낌이 들 정도로 대사가 많이 등장하고, 잠깐 퀴즈, 연습문제 등 깨친 이론을 바로 익히고 배울 수 있는 구조로 구성되어 있다. 이 부분은 각 문제의 좋은 예시를 하나 정도 알고 있는 사람(우리 모임에선 성민)이 주도하여 우리처럼 여럿이서 함께 풀어보길 권유하고 싶다. 여러 가지 답안들을 놓고 대화를 나누면 한 가지 주제를 놓고 각자의 경험에 비추어 서로 다른 이야기를 자연스레 나눌 수 있을 것이다. 그럼 어쩜 우리가 느꼈던 풍요로움을 새로운 모임에서 다시 느낄 수 있을지도 모른다.

그다음엔 에세이를 쓸 준비를 했다. 좋은 글을 분석하기도 하고, 다섯 가지 주제를 정하고, 그에 대한 자료를 나눠보는 등 여러 이야기가 이어졌다. 그중 한 가지 은유 브레인스토밍에 대해서 소개하고자 한다. 은유 브레인스토밍은 주제가 정해진 다음 "OO(주제)는 어떤 은유가 가능할까?"라는 질문에 자유롭게 답해보는 것이다. 예를 들어 내가 "비밀은 그림자야"라고 운을 떼면 옆의 친구는 자연스럽게 "왜?" 하고 묻는다. 그럼 나는 "그림자 없는 사람이 없는 것처럼 비밀 없는 사람은 없으니까"라고 은유의 이유를 말하는 방식이다. 그다음엔 누구든 생각나는 대로 이어나가면 된다. 은유 브레인스토밍은 자기 글의 은유적 개념을 설정하는데 가장 먼저 떠오르는 상투적인 은유들을 일찍 털어낼 수 있다는 점과 제시한 은유에 대한 반응을 글을 쓰기 전에 미리 받아볼 수 있다는 점 그리고 적극적인 친구로부터 은유적 표현까지도 얻어 갈 수 있을지 모르기 때문에 해봄직하다. 우린 주제마다 한 번씩 은유 브레인스토밍하는 시간을 가졌다. 이렇게 우리의 앞에 은유를 어느 정도 털어놓다 보면 말도 안 되는 이상하고 독특한 은유가 등장하기도 하는데 그럴 땐 웃으며 "적당히 해"하고 말리는 게 좋다.

    책의 은유 이론 뒤편으로 은유적 개념이 포함된 에세이들이 놓여있다. 민지, 경근, 현지, 나, 지은 그리고 출제자인 성민도 대답에 참여하였다. 바쁜 정선은 대답에 참여하지 못했지만 모임을 언제나 함께 빛내주었다. 앞의 은유 이론을 다 읽어나갈 즈음에 성민이 개발한 은유를 보는 특별한 아이템을 얻을 수 있다. 우리는 전부 이 아이템을 가진 덕분에 에세이를 쓸 수 있었고, 언제나 눈 바로 앞에 놓여있었지만 볼 수 없었던 것들을 볼 수 있게 됐다. 이것이 있다면 독자들도 마찬가지로 뒤편의 에세이들을 어떻게 들여다보면 좋을지 감을 잡을 수 있을 것이다. 에세이마다 숨어있거나 드러난 은유적 개념들이 무엇인지 맞혀보는 것이 이 책을 읽는 독특한 방법 중에 하나이다. 사람마다 세 편에서 다섯 편의 글을 썼고 다 더하면 스물두 편이다.

당연히 은유적 개념도 스물두 개이다. 또 글의 뼈대인 은유적 개념과 별개로 작은 은유라고 부를 만한 은유들도 은유적 개념의 수에 못지않게 곳곳에 보석처럼 박혀 있다. 우리는 그런 작은 은유들이 이 책을 읽어나가는 길을 중간중간 밝혀주는 역할을 한다는 걸 어렴풋이 느낄 수 있었다.

글의 주제는 많은 후보 중에서 복수 선택하여 인사, 눈치, 비밀, 약속, 위로. 이렇게 다섯 개를 뽑았다. 같은 주제를 놓고 사람마다 표현을 어떻게 다르게 하고 있는지, 표현의 바탕에 놓인 생각은 어떻게 다른지. 생각은 어떤 경험에서 비롯한 것인지 비교해보며 읽는 맛이 있다. 솔직한 에세이에서 독창적인 은유로써 드러나는 친구들의 면모를 읽으면서 난 감동을 받았고, 모두가 작가 못지않다고 생각했다.

성민은 "은유적 표현의 일상성"에서 이렇게 말한다. "은유적 표현을 사용하는 기량 그 자체는 모든 사람의 것이다." 은유는 하는 사람이 따로 있지 않다. 이 말대로 우리 중 누구는 그것으로 이론을 만들고, 누구는 모임을 하고, 누구는 에세이를 쓰고, 누구는 책을 디자인하고, 누구는 그림을 그렸다. 그 모든 게 뒤섞여 은유 범벅이 된 이것을 삼키고 양분으로 삼고 나면 우린 은유로 또 무얼 할 수 있을까?

현재호

텍스트 프레스와 친구들 총서 03
은유 수업

초판 1쇄 인쇄 2021년 8월 23일
초판 1쇄 발행 2021년 9월 6일

글
박민지 오현지 윤경근 이성민 현재호 황지은

책임편집
황지은

편집과 디자인
하이볼, 현재호

제작
스크린그래픽

텍스트 프레스
출판등록 2021년 4월 6일
(제 2021-000005호)

서울시 종로구 창성동 130-5, 4층
이메일 info@textpress.kr
인스타그램 text.press

ISBN
979-11-968046-8-8 (04080)
979-11-968046-6-4 (세트)
값 14,000원